Margit Pieler • Günter Schicho

Aufsteigen ... in DEUTSCH 1

Grammatik

So schaffst du die **1. Klasse HS/AHS**

G&D

Symbolerklärung

Ü 1

Übungsaufgabe:
Die Übungen sind fortlaufend nummeriert, sodass du sie auch im Lösungsteil für die Kontrolle leicht wiederfindest. Einige Übungen kannst du im Buch erledigen (z. B. Ausfüllen von Lückentexten, Einsetzen in Spalten, Unterstreichen im Text), für andere Übungen ist es aber ratsam, dass du dir ein kleines Übungsheft anlegst.

In einem solchen Kästchen findest du **wichtige Kurzinformationen** und **leicht verständliche Erklärungen** zum jeweiligen Thema.

Wichtiger Merksatz! Guter Tipp! Merk dir das gut!

Dem Buch ist ein Lösungsheft beigelegt, in dem alle Übungen dieselbe Nummer haben wie im Buch und genau ausgearbeitet sind.

Die Aufnahme in den Anhang zur Schulbuchliste für die 1. Klasse HS und AHS im Unterrichtsgegenstand Deutsch wurde vom Bundesministerium für Bildung, Wissenschaft und Kultur mit GZ 48.251/9-V/1/03 vom 9. Februar 2004 empfohlen.

www.ggverlag.at

ISBN 978-3-7074-0748-8
Schulbuchnummer 120558

In der neuen Rechtschreibung 2006

1. Auflage 2003, Nachdruck 2010 (1,04)
Illustrationen: Elena Obermüller
Satz: Manuela Strasser
Printed by Alcione, Lavis-Trento

Liebe Schülerin! Lieber Schüler!

Du hältst ein Übungsbuch in der Hand, das dir helfen soll, auf einfache Art und Weise in Deutsch aufzusteigen.
Wahrscheinlich bist du in Deutsch nicht so gut und musst daher zusätzlich zu deinen Schulaufgaben noch etwas tun. Vielleicht hat dir deine Lehrerin/dein Lehrer empfohlen, Grammatik oder Rechtschreiben mehr zu üben. Vielleicht fürchtest du sogar heuer durchzufallen.
Mit „Aufsteigen in Deutsch – Rechtschreiben" und „Aufsteigen in Deutsch – Grammatik" ist das Üben ganz leicht! Der wichtigste Stoff der 1. Klasse ist hier zusammengefasst und du kannst ihn gut üben.

In sehr einfachen Merksätzen und mit leicht verständlichen Kurzinformationen werden dir hier die wichtigsten Kapitel des Stoffes der 1. Klasse HS und AHS erklärt. Es folgen Übungen in unterschiedlichen Schwierigkeitsgraden. Du kannst diese Übungen auch allein machen. Sie sind im Lösungsteil genau ausgearbeitet.

Wir wünschen dir viel Erfolg beim Aufsteigen in Deutsch!

Liebe Eltern!

Sie halten ein Übungsbuch in der Hand, das die Deutschkenntnisse Ihres Kindes mit einfachen Übungen und leicht verständlichen Merksätzen verbessern kann.
Die beiden Bücher „Aufsteigen in Deutsch – Grammatik" und „Aufsteigen in Deutsch – Rechtschreiben" sind auf die Lernziele, die Ihr Kind im 5. Schuljahr (1. Klasse HS und AHS) erreichen soll, abgestimmt.
Die Bücher sind so aufgebaut, dass ein Selbststudium durch die Lernenden möglich ist. Hilfe und Interesse seitens einer Lernbetreuung sind aber immer gut!

Zum Umgang mit diesem Buch:
Die Übungen der einzelnen Kapitel sind mit steigendem Schwierigkeitsgrad angelegt, sodass die Lernenden von leichten Anfangsübungen schrittweise zu komplexeren Aufgaben geführt werden. Jedes Kapitel wird mit einem einfachen Theorieteil eingeleitet. In schrittweisen Erklärungen und mit leicht verständlichen Kurzinformationen werden die theoretischen Voraussetzungen für die folgenden Übungen gelegt.
Die Übungen werden jeweils genau beschrieben und sehr oft beispielhaft vorgearbeitet. Im Lösungsteil ist jede Übung komplett ausgearbeitet. Die Beispiele sind so gewählt, dass sie eindeutig zu lösen sind und das Kind eine sichere Kontrolle hat.
Die Übungsbücher können auch als Nachschlagewerk bei etwaigen Fragen zu Grammatik und Rechtschreibung eingesetzt werden.
Zur Festigung und weiteren Überprüfung können die Übungstexte der beiden Bände für kurze Diktate verwendet werden.
Bei Schülern mit Schwierigkeiten in Deutsch kann durch das Hinführen zum Verständnis von grammatikalischen und orthografischen Zusammenhängen und durch gezieltes Üben eine merkliche Verbesserung erreicht werden.
Diese beiden Übungsbände helfen dabei!

Viel Erfolg für Ihr Kind wünschen Ihnen

Margit Pieler und Günter Schicho

Inhalt

Wortlehre

Das Verb (Das Zeitwort)

Verben beschreiben Tätigkeiten, Zustände und Vorgänge.

Der Schiedsrichter pfeift das Spiel an.	FRAGE: Was tut jemand?	Tätigkeitsverb
Der Ball liegt noch auf der Mittellinie.	FRAGE: Was ist?	Zustandsverb
Jetzt rollt er ins Tor.	FRAGE: Was geht vor?	Vorgangsverb

Ü 1

Ordne die folgenden Verben durch Fragen nach ihrem Gebrauch in Tätigkeits-, Zustands- oder Vorgangsverben und schreibe in dein Übungsheft!

1. Die Sonne scheint heute sehr stark.
2. Das Gras wächst und die Blumen blühen auf.
3. Die Kinder spielen am Rasen und der Hund läuft ihnen nach.
4. Petra bleibt lieber zu Hause.
5. Sie liegt im kühlen Zimmer und trinkt kalte Limonade.
6. Ihr Hund Muffi nagt an seinem Hundeknochen.
7. Ihre Katze Luzi schläft auf der Ofenbank.
8. Der Geschirrspüler schaltet sich gerade aus.
9. Die Pendeluhr schlägt zwölf Mal.
10. Das Mittagessen steht auf dem Tisch.

Die Personalform

Verben können in der **Personalform** stehen (z. B.: er geht, du **läu**fst, ich komme).
Je nach Person ändert sich die Form des Zeitworts.

Die Zeitformen

Verben können in verschiedene **Zeitformen** gesetzt werden.
Wenn man ein Verb in verschiedene Personalformen und Zeitformen setzt, nennt man das **konjugieren** (beugen oder abwandeln).

Das Präsens (Die Gegenwart)

Person, Einzahl (Singular), Präsens

Fürwort	Stamm	Endung
1. ich	spiel	-e
2. du	spiel	-st
3. er/sie/es	spiel	-t

Person, Mehrzahl (Plural), Präsens

Fürwort	Stamm	Endung
1. wir	spiel	-en
2. ihr	spiel	-t
3. sie	spiel	-en

Person, Einzahl (Singular), Präsens

Fürwort	Stamm	Endung
1. ich	lauf	-e
2. du	**läu**f	-st
3. er/sie/es	**läu**f	-t

Person, Mehrzahl (Plural), Präsens

Fürwort	Stamm	Endung
1. wir	lauf	-en
2. ihr	lauf	-t
3. sie	lauf	-en

Je nach Person ändert sich die Personal**endung** des Verbs (ich komme, du kommst ...). Manchmal wechselt auch zusätzlich der Wort**stamm** (ich n**e**hme, du n**i**mmst ...).

Ü 2

Schreibe – nach obigem Beispiel – die Formen von folgenden Verben im Präsens!

kommen, nehmen, turnen, laufen, übergeben, anlegen

Das Präteritum (Die Mitvergangenheit)

Präsens (Gegenwart):	ich spiele – du spielst ...	ich laufe – du **läu**fst ...
Präteritum (Mitvergangenheit):	ich spielte – du spieltest ...	ich **lie**f – du **lie**fst ...

Person, Einzahl (Singular), Präteritum

Fürwort	Stamm	Endung
1. ich	spiel	-te
2. du	spiel	-test
3. er/sie/es	spiel	-te

Person, Mehrzahl (Plural), Präteritum

Fürwort	Stamm	Endung
1. wir	spiel	-ten
2. ihr	spiel	-tet
3. sie	spiel	-ten

Person, Einzahl (Singular), Präteritum

Fürwort	Stamm	Endung
1. ich	**lie**f	
2. du	**lie**f	-st
3. er/sie/es	**lie**f	

Person, Mehrzahl (Plural), Präteritum

Fürwort	Stamm	Endung
1. wir	**lie**f	-en
2. ihr	**lie**f	-t
3. sie	**lie**f	-en

Man unterscheidet zwischen **starken und schwachen Verben**.
Verändert das Verb vom **Präsens** (ich l**au**fe) zum **Präteritum** den Vokal im Wortstamm (ich **lie**f), spricht man von einem **starken Verb**.
Bleibt der **Wortstamm unverändert**, spricht man von einem **schwachen Verb**.
In der Personalendung im Präteritum wird nur ein **-t** eingefügt (ich spiele – ich spiel**t**e).

Ü 3

Bestimme Person und Zahl (Einzahl oder Mehrzahl) der unterstrichenen Verben!
Gib an, ob es sich um ein starkes oder ein schwaches Verb handelt!

Beispiel:
Der Tormann fängt den Ball. 3. Pers. Singular, starkes Verb

1. Das Publikum tobte.
2. Der Schiedsrichter zeigt die rote Karte. ____________________
3. Ich bin wütend. ____________________
4. Die Fans toben. ____________________
5. Du springst auf. ____________________
6. Wir jubelten. ____________________
7. Es ist gleich aus. ____________________
8. Ihr habt verloren. ____________________
9. Die Spieler verlassen das Spielfeld. ____________________

____

Ü 4

Überprüfe bei folgenden Verben, ob sie eine stark gebeugte oder schwach gebeugte Form haben (ob sie starke oder schwache Verben sind)!
Hilfreich ist, sie in verschiedene Zeitformen zu setzen!

Beispiele:
ich g**e**he – ich g**i**ng; ich turne – ich turnte

sitzen	kochen	weinen
rollen	tratschen	schreien
sagen	rufen	lachen
fischen	lesen	zwitschern
tanzen	waschen	singen

Die Partizipien (Die Mittelwörter)

Das Verb kann **zwei Partizipien** (Mittelwörter) bilden.

Das **Mittelwort der Gegenwart** (1. Partizip) – lauf**end**, spiel**end**, ausspiel**end**
Du bildest es, indem du an den Wortstamm die **Endung -end** anhängst.

Das 1. Partizip wird häufig als Adjektiv verwendet (die **spielende** Katze).

Das **Mittelwort der Vergangenheit** (2. Partizip) – **ge**lauf**en**, **ge**spiel**t**
Du bildest es mit der **Vorsilbe ge-** und mit der **Endung -t** oder **-en**.
Die Vorsilbe ge- kann auch manchmal nach einer anderen Vorsilbe (**ausge**spielt) stehen oder überhaupt fehlen (**ver**spielt).

Das 2. Partizip … benötigst du zur **Bildung des Perfekts** (ich habe **gespielt**).
… wird auch häufig **als Adjektiv** verwendet (die **verspielte** Katze).

Die Hilfsverben (Die Hilfszeitwörter)

Die drei Hilfsverben heißen: **haben, sein, werden.**

Du benötigst sie, um die zweiteiligen Zeitformen (Perfekt, Plusquamperfekt und Futur) zu bilden.

Das Perfekt (Die Vergangenheit)

Das Perfekt (die Vergangenheit) wird aus einer **Personalform** von **haben** oder **sein** und dem **2. Partizip** (Mittelwort der Vergangenheit) gebildet.

Personalform von	**haben** ↓	**sein** ↓
2. Partizip	ich **habe ge**spiel**t**	ich **bin ge**lauf**en**

Person, Einzahl (Singular), Perfekt

Fürwort	Hilfsverb	Stamm	Endung
1. ich	habe	gespiel	-t
2. du	hast	gespiel	-t
3. er/sie/es	hat	gespiel	-t

Person, Mehrzahl (Plural), Perfekt

Fürwort	Hilfsverb	Stamm	Endung
1. wir	haben	gespiel	-t
2. ihr	habt	gespiel	-t
3. sie	haben	gespiel	-t

Person, Einzahl (Singular), Perfekt

Fürwort	Hilfsverb	Stamm	Endung
1. ich	bin	gel**au**f	-en
2. du	bist	gel**au**f	-en
3. er/sie/es	ist	gel**au**f	-en

Person, Mehrzahl (Plural), Perfekt

Fürwort	Hilfsverb	Stamm	Endung
1. wir	sind	gel**au**f	-en
2. ihr	seid	gel**au**f	-en
3. sie	sind	gel**au**f	-en

Die starken Verben ändern auch oft beim 2. Partizip nochmals den Stammvokal (ich spr**i**nge – ich spr**a**ng – ich bin gespr**u**ngen).

Das Plusquamperfekt (Die Vorvergangenheit)

Das **Plusquamperfekt** (die Vorvergangenheit) wird aus einer **Personalform** von **hatten** oder **waren** und dem **2. Partizip** (Mittelwort der Vergangenheit) gebildet.

Personalform von	**hatten** ↓	**waren** ↓
2. Partizip	ich **hatte ge**spiel**t**	ich **war ge**lauf**en**

Person, Einzahl (Sing.),Plusquamperfekt

1. ich	hatte	gespiel	-t
2. du	hattest	gespiel	-t
3. er/sie/es	hatte	gespiel	-t
Fürwort	Hilfsverb	Stamm	Endung

Person, Mehrzahl (Plural), Plusquamperfekt

1. wir	hatten	gespiel	-t
2. ihr	hattet	gespiel	-t
3. sie	hatten	gespiel	-t
Fürwort	Hilfsverb	Stamm	Endung

Person, Einzahl (Singular), Perfekt

1. ich	war	gel**auf**	-en
2. du	warst	gel**auf**	-en
3. er/sie/es	war	gel**auf**	-en
Fürwort	Hilfsverb	Stamm	Endung

Person, Mehrzahl (Plural), Perfekt

1. wir	waren	gel**auf**	-en
2. ihr	wart	gel**auf**	-en
3. sie	waren	gel**auf**	-en
Fürwort	Hilfsverb	Stamm	Endung

Ü 5

Setze folgende Verben in die genannten Zeitformen. Verwende jeweils die 1. Person Singular! Woran erkennst du, ob es sich um ein starkes oder ein schwaches Verb handelt?

	Präsens	Präteritum	Perfekt
lesen			
toben			
fliegen			
beginnen			
schreiten			
graben			
üben			
malen			
springen			

Der Infinitiv (Die Nennform)

Die **Form**, in der das Verb im Wörterbuch steht, heißt **Nennform** (Infinitiv). (Z. B. gehen, sitzen, schlafen ...)
Im Gegensatz zu den Personalformen (finiten Formen) kannst du beim Infinitiv **weder Person noch Zahl noch Zeit bestimmen.**

Ü 6

Bilde zu folgenden Verben den Infinitiv!

(du) liegst –

(ich) kaufe ein –

(du) trinkst aus –

(sie) traten ein –

(ihr) wollt –

(er) hängt auf –

(es) schnurrt –

(wir haben) gejubelt –

(er) grub aus –	(er hat) getroffen –
(sie) schlug –	(ich) bin –
(es) ist –	(ihr seid) gesprungen –
(es) schneite –	(er) schlägt ein –

Die **Nennform** wird oft bei **Aufforderungen** (auf Schildern, Plakaten und Tafeln) und bei **Anweisungen** (Gebrauchsinformationen, Bastelanleitungen, Tipps) verwendet.

Ü 7

Unterstreiche die Nennformen der folgenden Aufforderungen, die du möglicherweise schon auf Schildern gesehen hast!

Bitte Türe schließen!

Nicht rauchen!

Hinten einsteigen!

Hier fest drücken!

Hupen verboten!

Mit dem Lenker nicht sprechen!

Hunde an die Leine nehmen!

Ins Wasser springen verboten!

Eintreten strengstens verboten!

Fotografieren verboten!

Ü 8

Unterstreiche die infiniten Formen (Nennformen) der folgenden Gebrauchsinformation!

Auf einer Klebstofftube steht folgender Text geschrieben:

Tube locker anfassen und dabei Schraubverschluss nach oben halten.
Den Verschluss vorsichtig abschrauben und die Tube leicht drücken.
Den Klebstoff dünn auftragen und die Tube sofort wieder verschließen.

Ü 9

Unterstreiche die Nennformen der folgenden Bastelanleitung!

So bastelst du einen Osterhasen:

1. Hasenohren, Pfoten und Füße abpausen, auf braunen Karton übertragen und dann ausschneiden.
2. Styroporei mit brauner Plakatfarbe bemalen.
3. Ohren, Pfoten und Füße klebst du anschließend auf das Ei.
4. Mit Filzstift ein Hasengesicht auf das Ei malen.
5. Die Bastfäden schneide nun zu Barthaaren zurecht und klebe sie ins Hasengesicht!
6. Nun ist die schöne Dekoration für dein Osterkörbchen fertig!

Ü 10 Bilde zu jedem Infinitiv die Form des 2. Partizips!

treten –	sitzen –
rufen –	stehen –
grüßen –	einsetzen –
winken –	aufrufen –
abheben –	untertauchen –
aussaugen –	reiten –

Ü 11 Suche zu jedem 2. Partizip den richtigen Infinitiv!

gelaufen –	getauscht –
geborgen –	gefunden –
zugebunden –	gestopft –
gebetet –	ausgelassen –
abgekocht –	ausgestochen –
eingeweicht –	untergeschoben –

Ü 12 Handelt es sich bei folgenden Verbformen um den Infinitiv oder um das 2. Partizip?

verziehen	Infinitiv	essen	
umziehen		umgezogen	
gegessen		einrichten	
ausgelassen		einziehen	
auslassen		eingerichtet	
eingezogen		verzogen	
verwerfen		begrüßen	
gebunden		begrüßt	
gesattelt		wiegen	
verworfen		auszählen	
binden		ausgezählt	
satteln		gewogen	
verloren		frieren	
eingefroren		verlieren	
austesten		aufgefangen	
anstreichen		losgelassen	
auftrennen		auflegen	
eingegangen		anklammern	
einsammeln		ausgeleert	

Ü 13

Bilde jeweils die Stammformen! Was haben diese Verben gemeinsam?

Infinitiv (1. Stammform)	Präteritum (2. Stammform)	2. Partizip (3. Stammform)
schreiben	schrieb	geschrieben
steigen		
reiten		
schließen		
treten		
treffen		
werfen		
ziehen		
lesen		
raten		
reißen		
geben		
fangen		
essen		
brechen		
bitten		
bieten		
fressen		
fallen		
sinken		
singen		
stoßen		
greifen		
graben		
geschehen		
schieben		
springen		
heißen		
gewinnen		
sterben		
waschen		
liegen		
tragen		
werfen		
sitzen		
verlassen		
reiben		

Infinitiv – Präteritum – 2. Partizip
Wenn du diese 3 Stammformen von einem Verb kennst, kannst du damit alle Formen des Verbs bilden.

Ü 14

Vervollständige die Tabelle!

Infinitiv **Nennform**	**1. Partizip** **Mittelwort der Gegenwart**	**2. Partizip** **Mittelwort der Vergangenheit**
brenn**en**	brenn**end**	**ge**bran**nt**
sing**en**		
	lauf**end**	
		aus**ge**lauf**en**
	steh**end**	
nenn**en**		
		geschlaf**en**
	leid**end**	
wiss**en**		
verkauf**en**		
		auf**ge**saug**t**
	schwank**end**	
		gekau**t**

Das Futur (Die Zukunft)

Das Futur (Zukunft) wird aus einer **Personalform** von **werden** und der **Nennform** (Infinitiv) gebildet.

	Personalform ↓	**Nennform** ↓
1. Pers. Singular, Futur	ich **werde**	**spielen**

Person, Einzahl (Singular), Futur

1. ich	werde	**spielen**
2. du	wirst	**spielen**
3. er/sie/es	wird	**spielen**
Fürwort	Hilfsverb	Nennform

Person, Mehrzahl (Plural), Futur

1. wir	werden	**spielen**
2. ihr	werdet	**spielen**
3. sie	werden	**spielen**
Fürwort	Hilfsverb	Nennform

Ü 15

Schreibe – nach obigem Beispiel – die Formen von folgenden Verben im Futur auf!

kommen, nehmen, übergeben, anlegen

ich werde kommen	wir
du	ihr
er/sie/es	sie

ich	wir

ich	wir

ich	wir

Ü 16

Bestimme Person, Zahl und Zeitform der folgenden Verben!

	Person	Zahl	Zeitform
sie werden kommen	3. Person	Plural	Futur
du bist gegangen			
er nimmt			
sie hoben auf			
wir haben getragen			
ich nahm			
er wird singen			
ihr habt gekocht			
es hat geschneit			
du wirst aufstehen			
wir werden warten			
sie hat gegessen			

Ü 17

Unterstreiche die Verben des folgenden Textes! Schreibe sie in die Tabelle und bestimme – wie in Ü 16 – Person, Zahl und Zeitform!

In der Sommerzeit machen viele Menschen Urlaub. Einige verbringen ihre Ferien am Meer, andere zieht es in die Berge. Auch in den Großstädten tummelten sich immer schon Touristen und besichtigten die berühmten Bauwerke, Denkmäler und Museen.
Der interessierte Urlauber bummelt in den Einkaufstraßen und erholt sich in den Grünanlagen im Zentrum der Städte. Am Abend besucht der Gast gerne ein Konzert oder geht ins Theater. Ältere Leute lieben das nachmittägliche Kurkonzert und jüngere Menschen bevorzugen abendliche Open-Air-Konzerte.
Kinder suchen die Bademöglichkeiten in den Strandbädern. Die Jugendlichen zieht eher der Vergnügungspark an, denn Besichtigungen und Führungen reizen sie nicht.
Es wird sich an diesem Urlaubsverhalten auch bei zukünftigen Generationen nicht viel ändern.

Verben aus dem Text	**Person**	**Zahl**	**Zeit**
viele M. (sie) machen	3. Pers.	Plural	Präsens

Ü 18

Wie heißen die Stammformen und Zeitformen der folgenden Verben? Ergänze die Tabelle!

Personalform	Stammformen (Nennform) (Präteritum) (2. Partizip)	Futur	Perfekt
ich zeichne			
du schneidest			
er klebt			
sie malt			
es regnet			
wir lesen			
ihr rechnet			
sie schreiben			
wir kreuzen an			
du misst aus			
er tritt ein			
ihr wartet ab			

Die Stammformen der Hilfszeitwörter

1. Stammform (Nennform)	2. Stammform (Präteritum)	3. Stammform (2. Partizip)
haben	hatte	gehabt
sein	war	gewesen
werden	wurde	geworden

Ü 19

Vervollständige die Tabelle!
(Es ist etwas schwierig, denn „haben, sein, werden“ sind hier sowohl als Verben als auch als Hilfsverben gebraucht.)

Personalform	Stammformen (Nennform) (Präteritum) (2. Partizip)	Futur	Perfekt
sie ist			
ich werde			
es hat			
du bist			
wir haben			
ihr seid			
sie sind			

Der Imperativ (Die Befehlsform)

Der Imperativ wird **mit dem Stamm des Verbs gebildet**. (Fahr!)
Man kann manchmal an den Stamm auch die Endung **-e** hängen. (Fahr**e**!)
Um die Mehrzahl zu bilden, hängst du die Endung **-t** an. (Fahr**t**!)

Die veraltete Form (Fahr**et**! Mehrzahl mit Endung **-et**) findest du noch in alten Gedichten, Märchen und Sagen.

Bei starken Verben wird der Stammvokal **-e-** im Imperativ Singular zu **-i-** oder **-ie-**
ang**e**ben: G**i**b an!
s**e**hen: S**ie**h!

Ü 20 **Bilde jeweils den Imperativ Singular und den Imperativ Plural!**

Infinitiv	**Imperativ Singular**	**Imperativ Plural**
schreiben	Schreib! Schreibe!	Schreibt! (Schreibet!)
aufessen		
lernen		
schieben		
lesen		
eintreten		
einsteigen		
abbrechen		
hergeben		
abwerfen		
abheben		
anziehen		

Ü 21 **Stelle fest, um welche Verbformen (Nennform, Personalform, Befehlsform, 3. Stammform) es sich handelt! Bei manchen Verben gibt es mehrere Möglichkeiten!**

brechen	Nennform; Personalform: 1. + 3. Pers. Plural, Präsens
gebogen	
Wirf zu!	
schob	
vergessen	
Springt!	

Gib auf! ______________________

gestohlen ______________________

schriebst ______________________

gerissen ______________________

Sprich! ______________________

einnehmen ______________________

einsetzen ______________________

eingekauft ______________________

Zeitwortformen erkennen

Ü 22

In den unten stehenden Spalten sollten nur Formen von Zeitwörtern stehen, aber es sind auch andere Wortarten daruntergeraten.
Finde alle Verbformen und unterstreiche sie! Erinnere dich, was du über das Zeitwort und seine Formen in diesem Kapitel schon gelernt hast!

angekommen	gehst	frisch	hast
helfen	Hilfe	angemalt	lachend
rund	Spiel mit!	spielend	essbar
tragend	angelegt	buchen	Buch
werden	aufgeben	rechnete	aß
hoffen	verträgt	Werft!	verzieren
hoffend	blüht	Blüte	zierlich
schmeckt	verblühte	angefahren	Verzierung
lustig	bunt	Blatt	blättern
traurig	trauern	malen	Mal
verschicken	schonen	Kleber	dünn
ankleben	verschonen	verantworten	verdünnen
Verspannung	spannen	Spange	bleich

Zeitformen anwenden

Die Zeitform **Präsens** drückt aus, dass etwas in der **Gegenwart** geschieht.
Ich **richte** gerade alles **her**.

Wenn du über etwas **Vergangenes schreibst**, dann verwende das **Präteritum**.
Gestern **war** ich auf einer Party.

Erzählst du von etwas **Vergangenem**, dann verwende das **Perfekt**.
Heute **ist** mir etwas Unglaubliches **passiert**.

Mit der Zeitform **Futur** kannst du **Zukünftiges** ausdrücken. Du kannst das Futur auch zum Beschreiben von **Vermutungen und Versprechungen** verwenden.
Morgen **werde** ich auf eine Party **gehen**.

Schlusstest

Ü 23

**Julia erzählt ihrer Freundin Paula von einer aufregenden Begebenheit.
Welche Zeitform wird hier hauptsächlich verwendet und warum wurde sie gewählt?**

„Heute in der großen Pause ist mir etwas Unglaubliches passiert!
Ich bin mit Nina und Lisa im Schulhof gestanden und wir haben lustig geplaudert. Da ist plötzlich Nico vor uns gestanden und hat mich gefragt, ob ich zu seiner Geburtstagsparty komme. Vor lauter Schreck habe ich nicht geantwortet. Nina hat mir einen leichten Schubs gegeben und dann habe ich endlich Ja gesagt. Wahnsinn!"

Ü 24

Unterstreiche die Verben in diesem Text und bestimme Person, Zahl und Zeitform!

Beispiel:
(es) ist … passiert: 3. Person, Singular, Perfekt

Ü 25

**Julia denkt an die bevorstehende Party.
Welche Zeitform wird hier hauptsächlich verwendet und warum wurde sie gewählt?**

Morgen um diese Zeit werde ich schon auf der Party sein.
Ich werde mein neues Sommerkleid und die lässige Jeansjacke anziehen. Die Haare wird mir Nina frisieren.
Ich werde Nico eine CD mitbringen. Morgen werde ich noch weiße Schokolade kaufen, denn die isst er gerne.

Ü 26

Unterstreiche die Verben in diesem Text und bestimme Person, Zahl und Zeitform!

Ü 27

**Nico bereitet gerade alles für die Party vor. Da ruft sein Freund Chris am Handy an und Nico berichtet ihm.
Welche Zeitform wird hier hauptsächlich verwendet und warum wurde sie gewählt?**

„Ich richte gerade alles für heute Abend her. Was meinst du, welche Musik gefällt Julia? Seit zwei Stunden räume ich schon mein Zimmer zusammen und schaffe im Kellerstüberl Platz zum Tanzen.
Mein Vater baut gerade die Stereoanlage auf und meine Mutter richtet Brötchen her. Echt cool, sage ich dir!
Also bis 8 Uhr! Ich freue mich schon!"

Ü 28

Unterstreiche die Verben im Text und bestimme Person, Zahl und Zeitform!

Ü 29

Julia schreibt in ihr Tagebuch.
Welche Zeitform wird hier hauptsächlich verwendet und warum wurde sie gewählt?

Gestern war ich auf Nicos Geburtstagsparty. Es war einfach toll.
Chris legte gleich zu Beginn meine mitgebrachte CD auf. Nico fand sie echt cool, auch über die Schokolade freute er sich.
Wir tanzten fast die ganze Zeit. Leider holte mich meine große Schwester um 10 Uhr ab.
Ich werde Nico ganz sicher auch zu meiner Party einladen!

Ü 30

Unterstreiche die Verben im Text und bestimme Person, Zahl und Zeitform!

Ü 31

Suche in den folgenden Sätzen jeweils die falsche Zeitform und ersetze sie durch die richtige!

1. Julia freute sich sehr, als Nico sie zu seiner Party einladet.
2. Die beste Tänzerin auf der Party war Julia, das wusste jeder, der sie dort sieht.
3. Nico freute sich, als Julia aufsteht und mit ihm tanzte.
4. Julia wird Nico auch zu ihrer Party einladen, damit sie ihm zeigte, wie toll sie ihn findet.

Ü 32

Eine Abschlussübung für die Zeitformen
Ergänze die Tabelle! Verwende die Personalpronomen (Fürwörter) der Reihe nach!

Infinitiv	Präsens	Präteritum	Perfekt	Futur
verbieten	ich ver...	ich ver...	ich habe ...	
raufen	du raufst	du ...		
denken	er ...			
putzen				
ausscheiden				
werfen				
gießen				
biegen				
legen				
stehen				
ausleeren				
heben				
fliegen				
ausblasen				
flechten				
liegen				

Das Nomen (Das Namenwort)

Nomen bezeichnen Lebewesen (Menschen, Tiere), Pflanzen, Gegenstände und andere Begriffe (wie Gefühle und Gedachtes).
Nomen werden immer mit **großem Anfangsbuchstaben** geschrieben.

Ü 33

Ein Besuch im Zoo
Unterstreiche alle Nomen! Woran erkennst du sie?

HERZLICH WILLKOMMEN ZU EINEM RUNDGANG DURCH DEN ZOO! AUF DIESER SPANNENDEN ENTDECKUNGSREISE WERDEN WIR GROSSE UND KLEINE, BUNTE UND EINFÄRBIGE, RUHIGE UND SEHR LEBENDIGE TIERE KENNEN LERNEN.
EIN ZOO BESTEHT AUS VIELEN FREILANDGEHEGEN, IN DENEN DIE TIERE AUS ALLER WELT GENÜGEND AUSLAUF HABEN.
BESUCHER BRAUCHEN KEINE ANGST ZU HABEN, DENN DIE GEHEGE UND KÄFIGE SIND GESICHERT.

Zusammengesetzte Nomen

der Affenkäfig

Affen-	**-Käfig**
Bestimmungswort • bestimmt die genaue Bedeutung der Zusammensetzung (Käfig für **Affen**)	**Grundwort** • legt die Grundbedeutung der Zusammensetzung fest • der Artikel bezieht sich darauf (der Affen**käfig**)

Ü 34

Bilde aus den Nomen Zusammensetzungen und setze den Artikel davor!

Tiefkühl + Gemüse, Computer + Spiel, Blumen + Topf, Geschirr + Reiniger, Abenteuer + Roman, Stoff + Tier, Dosen + Öffner, Schiff + Fahrt, Nuss + Schokolade, See + Elefant, Butter + Blume, Auspuff + Flamme

Beim Suchen zusammengesetzter Nomen im **Wörterbuch** musst du unter **beiden Wörtern** nachschlagen. (Affenkäfig unter: Affe und Käfig)

Viele Nomen enden auf **-er**.

Auch die Endsilben **-heit, -keit, -nis, -sal, -tum, -schaft, -ung** weisen auf Nomen hin.

Ü 35 **Suche aus den folgenden Wörtern die Nomen heraus und unterstreiche sie!**

KLEBEN, TRAURIGKEIT, DENKEN, KLEBER, POLSTER, BILDUNG, ZAHLUNG, DIENEN, SITZUNG, HEITERKEIT, GEFÄNGNIS, STÜTZEN, FREUNDLICH, ZEUGNIS, FREUNDLICHKEIT, STÜTZUNG, LAUFEN, ALTERTUM, STILLE, ZÄHLEN, WANDERER, FREUNDSCHAFT, LESER, TRÜBSAL, FÜTTERUNG, ANNEHMEN, EREIGNIS, BILDEN, FLIEGEN, WANDERUNG, WÖRTER, WARTEN, WARTUNG, SCHREIBUNG, SITZEN, TANZEN, FRÖHLICHKEIT, SINGEN, VERSTECKEN, BUNT, SCHONUNG, ZUSAMMEN, ZUG

Der Artikel (Der Begleiter)

Du kannst dem Nomen einen **bestimmten Artikel** (der, die, das) oder einen **unbestimmten Artikel** (ein, eine) **als Begleiter** geben (der Wolf, ein Wolf).

Du kannst ein Nomen in den **Singular** (Einzahl) und in den **Plural** (Mehrzahl) setzen (der Wolf – die Wölfe).

Ü 36 **Gib den Nomen aus Ü 33 einen bestimmten Artikel als Begleiter!**

Ü 37 **Schreibe auf, ob die Nomen aus Ü 36 im Singular oder Plural stehen.**

Ü 38 **Schreibe vor das Nomen in der folgenden Tabelle jeweils den Artikel und bilde den Plural!**

Achtung:
Im Plural können **Umlaute** vorkommen.

Singular		**Plural**
das	Tuch	die Tücher
	Wunsch	
	Gang	
	Denkmal	
	Maus	
	Nashorn	
	Stock	
	Brösel	

Singular	Plural
Semmelknödel	
Gans	
Ferkel	
Stift (2 Möglichkeiten)	
Leiter (2 Möglichkeiten)	
Band (2 Möglichkeiten)	
Ross	
Flügel	
Kran	

Nomen haben ein **Geschlecht**. Es ist durch den Artikel (der – **männlich**; die – **weiblich**; das – **sächlich**) angezeigt.

Ü 39

Bestimme das Geschlecht bei den Nomen aus Ü 33!
Du musst die Nomen zuerst in die Einzahl setzen.

Ü 40

Ergänze den bestimmten Artikel und schreibe das Geschlecht dazu.
Im Wörterbuch ist zu jedem Nomen auch der Artikel angegeben. Ein Wort kann auch verschiedene Artikel haben.

Artikel	Nomen	Geschlecht	Artikel	Nomen	Geschlecht
das	Auto	sächlich	die	Matratze	
	Fuß			Zwiebel	
	Karton			Maß	
	Bettgestell			Knollenblätterpilz	
	Sanftmut			Löffel	
	Bücherregal			Kaktus	
	Kartoffel			Computer	
	Kilogramm			Jogurt	
	Suppenteller			Gesicht	

das – dass

Verwechslungsmöglichkeiten bestehen zwischen **das** und **dass**.

Du kannst es so unterscheiden :
das = Artikel, Pronomen (ERSATZWÖRTER: dieses, welches)
dass = Bindewort (KEIN ERSATZWORT: verbindet Sätze miteinander)

Beispiele:
Das Elefantenbaby, **das** zur Welt kam, heißt Abu.
(Artikel) dieses – (Pronomen) welches

Das Elefantenbaby brüllt so laut, **dass** die Mutter sofort kommt.
(Artikel) dieses – (Bindewort) KEIN ERSATZWORT MÖGLICH!

Paul erzählte mir, **dass** er **das** Elefantenkind schon gesehen hat.
(Bindewort) – (Artikel) dieses

Ü 41

Setze das oder dass richtig ein!
Mache die Probe mit den Ersatzwörtern!

1. Ich hoffe, ______ wir morgen in den Zoo gehen!
2. Meine Mutter meint, ______ ideales Wetter für einen Zoobesuch ist.
3. Das Eintrittsgeld, ______ du mir gegeben hast, habe ich in den Rucksack gesteckt.
4. ______ der Besucheransturm beim Elefantengehege sehr groß sein wird, kann ich mir denken.
5. Ich glaube, ______ Elefantenkind ist die große Attraktion des Tiergartens.
6. Die Tiere stürzen sich auf ______ Futter, ______ die Pfleger gebracht haben.
7. ______ Elefantengehege, ______ kürzlich umgebaut wurde, bietet den Tieren viel Freiraum.
8. Die meisten Tiere kennen ______ Leben in freier Wildbahn nicht.
9. Aber ______ sich die Zootiere hier wohl fühlen, erkennt jeder Besucher.
10. Wir freuen uns schon auf ______ nächste Mal.

Oft kommt **„dass"** als Satzbeginn nach oder vor den Verben:
hoffen, meinen, glauben, denken, erkennen.

Er **meint**, **dass** es gut gehen wird.
Dass es gut geht, **hoffe** ich.

Die Fälle (Die Deklination)

Du kannst ein Nomen in **Fälle** setzen. Diese Veränderung des Nomens nennt man **Deklination**.

Mit dem bestimmten Artikel:

	Frage	**Singular (Einzahl)**	**Plural (Mehrzahl)**
1. Fall (Nominativ)	(wer oder was?)	**der** Mann	**die** Männer
2. Fall (Genitiv)	(wessen?)	**des** Mannes	**der** Männer
3. Fall (Dativ)	(wem?)	**dem** Mann	**den** Männern
4. Fall (Akkusativ)	(wen oder was?)	**den** Mann	**die** Männer
1. Fall (Nominativ)	(wer oder was?)	**die** Frau	**die** Frauen
2. Fall (Genitiv)	(wessen?)	**der** Frau	**der** Frauen
3. Fall (Dativ)	(wem?)	**der** Frau	**den** Frauen
4. Fall (Akkusativ)	(wen oder was?)	**die** Frau	**die** Frauen
1. Fall (Nominativ)	(wer oder was?)	**das** Kind	**die** Kinder
2. Fall (Genitiv)	(wessen?)	**des** Kindes	**der** Kinder
3. Fall (Dativ)	(wem?)	**dem** Kind	**den** Kindern
4. Fall (Akkusativ)	(wen oder was?)	**das** Kind	**die** Kinder

Mit dem unbestimmten Artikel:

	Frage	**Singular (Einzahl)**	**Plural (Mehrzahl)**
1. Fall (Nominativ)	(wer oder was?)	**ein** Mann	–
2. Fall (Genitiv)	(wessen?)	**eines** Mannes	–
3. Fall (Dativ)	(wem?)	**einem** Mann	–
4. Fall (Akkusativ)	(wen oder was?)	**einen** Mann	–
1. Fall (Nominativ)	(wer oder was?)	**eine** Frau	–
2. Fall (Genitiv)	(wessen?)	**einer** Frau	–
3. Fall (Dativ)	(wem?)	**einer** Frau	–
4. Fall (Akkusativ)	(wen oder was?)	**eine** Frau	–
1. Fall (Nominativ)	(wer oder was?)	**ein** Kind	–
2. Fall (Genitiv)	(wessen?)	**eines** Kindes	–
3. Fall (Dativ)	(wem?)	**einem** Kind	–
4. Fall (Akkusativ)	(wen oder was?)	**ein** Kind	–

Im **Plural** haben männliche, weibliche und sächliche Nomen den **gleichen bestimmten Artikel**. Vom unbestimmten Artikel gibt es keinen Plural.
Lerne die Tabellen auswendig!

Ü 42

Bilde von den folgenden Nomen alle Fälle, jeweils mit den bestimmten Artikeln!

1. Fall (Nominativ)	der Bruder	die Brüder	der Affe	die Affen
2. Fall (Genitiv)				
3. Fall (Dativ)				
4. Fall (Akkusativ)				
1. Fall (Nominativ)	Schwester		Giraffe	
2. Fall (Genitiv)				
3. Fall (Dativ)				
4. Fall (Akkusativ)				
1. Fall (Nominativ)	Buch		Tier	
2. Fall (Genitiv)				
3. Fall (Dativ)				
4. Fall (Akkusativ)				

Ü 43

Bilde von den folgenden Nomen alle Fälle, jeweils mit den unbestimmten Artikeln!

1. Fall (Nominativ)	ein Tiger	Robbe	Schwein
2. Fall (Genitiv)			
3. Fall (Dativ)			
4. Fall (Akkusativ)			

Männliche und sächliche Nomen auf **-el** ändern im Plural ihre Endung nicht.

Weibliche Nomen auf **-el** enden im Plural auf **-eln**.
Ausnahmen:
der Musk**el** – die Musk**eln**, der Stach**el** – die Stach**eln**, der Pantoff**el** – die Pantoff**eln**

Plural ohne Endung:

	Singular (Einzahl)	**Plural (Mehrzahl)**
männlich	der Büg**el**	die Büg**el**
sächlich	das Sieg**el**	die Sieg**el**

Plural mit Endung:

	Singular (Einzahl)	**Plural (Mehrzahl)**
weiblich	die Semm**el**	die Semm**eln**

Ü 44

Bilde den Plural folgender Nomen:

der Flügel –	der Mantel –	die Fackel –
die Kartoffel –	die Muschel –	das Segel –
der Erdapfel –	die Nudel –	der Hügel –
die Nadel –	das Büschel –	der Ziegel –
das Kabel –	der Wickel –	der Knödel –

Fälle bestimmen durch Fragen

1. Fall (Nominativ): Der Affe sitzt auf dem Baum. **Wer** (oder was) sitzt auf dem Baum?
2. Fall (Genitiv): Die Banane **des Affen** liegt im Käfig. **Wessen** Banane liegt im Käfig?
3. Fall (Dativ): Der Wärter gibt **dem Affen** die Banane. **Wem** gibt der Wärter die Banane?
4. Fall (Akkusativ): Die Zoobesucher beobachten **den Affen**. **Wen** (oder was) beobachten die Zoobesucher?

Ü 45

Bestimme den Fall der unterstrichenen Nomen (und Artikel) durch Fragen!

Löwe und Tiger

1. Die Löwen leben in Rudeln zusammen.
2. Der Anführer der Löwen ist meistens der Familienälteste.
3. Den Löwenmann erkennt man an seiner besonders starken Mähne.
4. Der Aufseher gibt dem Löwen Pferdefleisch.
5. Den Löwen nennt man auch König der Tiere.
6. Der Löwe kommt aus Afrika, aber auch in Asien leben Löwen.
7. Der Tiger ist die größte Katze und ein Verwandter des Löwen.
8. Dem Tiger gefällt es besonders im Pflanzendickicht und in der Nähe des Wassers.
9. Der Mensch ist der größte Feind des Tigers.
10. Er hat den Tiger in vielen Gebieten Asiens bereits ausgerottet.

Schlusstest

Ü 46

Ergänze den bestimmten Artikel beim Nomen und schreibe den Fall dazu!

Zwei gewaltige Tiere im Zoo

Die Bären (Nominativ) sind recht schwere und plumpe Gesellen. Das Fell _____ Bären (__________) ist meistens dunkel und zottelig.
Verspielt tollen _____ Bärenkinder (__________) um ihre Eltern herum.
Aufmerksam beobachtet _____ Bärenvater (__________) das Spielen _____ Bärenjungen (__________).
_____ Braunbären (__________) sollte man aber nicht unterschätzen, er kann auch vernichtende Prankenhiebe austeilen.
Im großen Freigehege lebt _____ Elefant (__________). _____ Elefant (__________) gehört zur Familie der Rüsseltiere. Die Vorfahren _____ Elefanten (__________) waren die Mammuts.
Besonders auffallend sind die riesigen Ohren und Stoßzähne _____ Afrikanischen Elefanten (__________).
_____ Elefanten (__________) als Dickhäuter zu bezeichnen ist ungerecht, da er eine eher dünne und empfindliche Haut hat.
Bis zu 250 Kilogramm Grünfutter verdrückt _____ Elefant (__________) am Tag. So sind die Hauptbeschäftigungen _____ Elefanten (__________) die Futtersuche und das Fressen.

Ersatzprobe mit MIR (bei Dativ) / MICH (bei Akkusativ).

Ü 47

Unterscheide zwischen dem 3. und dem 4. Fall! Setze richtig ein!

Nachwuchs im Zoo

1. Wir besuchten _____ neugeborenen Elefanten. (Einzahl)
2. Das Elefantenbaby trinkt _____ Muttermilch bis zum zweiten Lebensjahr.
3. Die Pfleger brachten _____ Elefantenvater gerade das Grünfutter.
4. Am Affenfelsen besuchten wir _____ jungen Schimpansen. (Einzahl)
5. Wir beobachteten _____ lustigen Schimpansen (Mehrzahl) bei der Fütterung.
6. Ein Pfleger schüttete _____ Affen (Mehrzahl) Äpfel und Bananen ins Gehege.
7. _____ kleinen Schimpansen (Einzahl) gab er eine Trinkflasche.
8. _____ Schimpansenmännchen (Einzahl) schien das Futter zu schmecken.

Das Adjektiv (Das Eigenschaftswort)

Mit einem Adjektiv kannst du die **Eigenschaften** eines Lebewesens, eines Dinges oder eines Vorgangs beschreiben.
Adjektive werden mit **kleinem Anfangsbuchstaben** geschrieben.

Ein Adjektiv, das vor einem Nomen steht, beschreibt dieses genauer. Es steht im gleichen Fall wie das Nomen.
Beispiel:
ein **großer** Mann, die **schöne** Frau, ein **fröhliches** Kind

Das Adjektiv **erfragst** du mit: **„Was für ein(e) ...?"**
Beispiel:
der **mächtige** Tiger – Was für ein ...?
eine **schnelle** Gazelle – Was für eine ...?

Ein Adjektiv kann in Sätzen mit Formen des Verbs „sein" (ist, sind) stehen.
Beispiel:
Der Tiger ist **mächtig**. Die Gazellen sind **schnell**.

Du **erfragst** das Adjektiv mit : **„Wie ist/sind er/sie/es?"**
Beispiel:
Der Tiger ist **mächtig**. – Wie ist er?
Die Gazellen sind **schnell**. – Wie sind sie?

Ü 48

Unterstreiche die Adjektive im Text!

Bunt, laut und sehr lebendig

In den großen Vogelhäusern der Zoos ist es bunt, laut und sehr lebendig. Auf der weiten Welt leben mehr als 8000 Vogelarten. Trotz dieser bunten Vielfalt gibt es viele Dinge, die bei allen Vögeln gleich sind. Alle tragen ein schönes Federkleid, haben große oder kleine Flügel und legen Eier.
In unseren heimischen Wäldern sind vor allem Singvögel zu Hause. Sie verständigen sich mit kunstvollem Gesang. Viele machen sich im späten Herbst auf die lange Reise in wärmere Gegenden. Im sonnigen Frühjahr kehren diese Zugvögel dann zu uns zurück.

Aufsteigen ... in DEUTSCH 1

Grammatik

LÖSUNGSHEFT

G&D

(1)
1. Die Sonne scheint heute sehr stark (Vorgangsverb).
2. Das Gras wächst (Vorgangsverb) und die Blumen blühen auf (Vorgangsverb).
3. Die Kinder spielen (Tätigkeitsverb) am Rasen und der Hund läuft (Tätigkeitsverb) ihnen nach.
4. Petra bleibt lieber zu Hause (Zustandsverb).
5. Sie liegt (Zustandsverb) im kühlen Zimmer und trinkt (Tätigkeitsverb) kalte Limonade.
6. Ihr Hund Muffi nagt (Tätigkeitsverb) an seinem Hundeknochen.
7. Ihre Katze Luzi schläft (Tätigkeitsverb) auf der Ofenbank.
8. Der Geschirrspüler schaltet sich gerade aus (Vorgangsverb).
9. Die Pendeluhr schlägt (Tätigkeitsverb) zwölf Mal.
10. Das Mittagessen steht (Zustandsverb) auf dem Tisch.

---

(2)
ich komme, du kommst, er/sie/es kommt, wir kommen, ihr kommt, sie kommen
ich nehme, du nimmst, er/sie/es nimmt, wir nehmen, ihr nehmt, sie nehmen
ich turne, du turnst, er/sie/es turnt, wir turnen, ihr turnt, sie turnen
ich laufe, du läufst, er/sie/es läuft, wir laufen, ihr lauft, sie laufen
ich übergebe, du übergibst, er/sie/es übergibt, wir übergeben, ihr übergebt, sie übergeben
ich lege an, du legst an, er/sie/es legt an, wir legen an, ihr legt an, sie legen an

---

(3)
1. Das Publikum tobte. (es = 3. Pers. Einzahl, schwaches Verb)
2. Der Schiedsrichter zeigt die rote Karte. (er = 3. Pers. Einzahl, schwaches Verb)
3. Ich bin wütend. (1. Pers. Einzahl, starkes Verb „sein“)
4 Die Fans toben. (sie = 3. Pers. Mehrzahl, schwaches Verb)
5. Du springst auf. (2. Pers. Einzahl, starkes Verb)
6. Wir jubelten. (1. Pers. Mehrzahl, schwaches Verb)
7. Es ist gleich aus. (3. Pers. Einzahl, starkes Verb „sein“)
8. Ihr habt verloren. (2. Pers. Mehrzahl, schwaches Verb „haben“, starkes Verb verloren)
9. Die Spieler verlassen das Spielfeld. (3. Pers. Mehrzahl, starkes Verb)

---

(4)
sitzen (stark), kochen (schwach), weinen (schwach), rollen (schwach), tratschen (schwach), schreien (stark), sagen (schwach), rufen (stark), lachen (schwach), fischen (schwach), lesen (stark), zwitschern (schwach), tanzen (schwach), waschen (stark), singen (stark)

---

(5)

	Präsens	**Präteritum**	**Perfekt**	
lesen	ich l**e**se	ich l**a**s	ich habe gel**e**sen	starkes Verb
toben	ich tobe	ich tob**te**	ich habe getob**t**	schwaches Verb
fliegen	ich fl**ie**ge	ich fl**o**g	ich bin gefl**o**gen	starkes Verb
beginnen	ich beg**i**nne	ich beg**a**nn	ich habe beg**o**nnen	starkes Verb
schreiten	ich schr**ei**te	ich schr**i**tt	ich bin geschr**i**tten	starkes Verb
graben	ich grabe	ich gr**u**b	ich habe gegr**a**ben	starkes Verb
üben	ich übe	ich üb**te**	ich habe geüb**t**	schwaches Verb

malen	ich male	ich mal**te**	ich habe gemal**t**	schwaches Verb
springen	ich spr**i**nge	ich spr**a**ng	ich bin gespr**u**ngen	starkes Verb

Die starken Verben verändern den Stammvokal. Die schwachen Verben bleiben im Stammvokal unverändert und im Präteritum findet sich in der Personalendung -t.

---

6 (du) liegst – liegen, (ihr) wollt – wollen, (ich) kaufe ein – einkaufen, (er) hängt auf – aufhängen, (du) trinkst aus – austrinken, (es) schnurrt – schnurren, (sie) traten ein – eintreten, (wir haben) gejubelt – jubeln, (er) grub aus – ausgraben, (er hat) getroffen – treffen, (sie) schlug – schlagen, (ich) bin – sein, (es) ist – sein, (ihr seid) gesprungen – springen, (es) schneite – schneien, (er) schlägt ein – einschlagen

---

7 Bitte Türe schließen!, Hinten einsteigen!, Nicht rauchen!, Hier fest drücken!, Hupen verboten!, Mit dem Lenker nicht sprechen!, Ins Wasser springen verboten!, Hunde an die Leine nehmen!, Fotografieren verboten!, Eintreten strengstens verboten!

---

8 Auf einer Klebstofftube steht folgender Text geschrieben:
Tube locker anfassen und dabei Schraubverschluss nach oben halten.
Den Verschluss vorsichtig abschrauben und die Tube leicht drücken.
Den Klebstoff dünn auftragen und die Tube sofort wieder verschließen.

---

9 So bastelst du einen Osterhasen:

1. Hasenohren, Pfoten und Füße abpausen, auf braunen Karton übertragen und dann ausschneiden.
2. Styroporei mit brauner Plakatfarbe bemalen.
3. Ohren, Pfoten und Füße klebst du anschließend auf das Ei.
4. Mit Filzstift ein Hasengesicht auf das Ei malen.
5. Die Bastfäden schneide nun zu Barthaaren zurecht und klebe sie ins Hasengesicht!
6. Nun ist die schöne Dekoration für dein Osterkörbchen fertig!

---

10 treten – getreten, sitzen – gesessen, rufen – gerufen, stehen – gestanden, grüßen – gegrüßt, einsetzen – eingesetzt, winken – gewinkt / gewunken, aufrufen – aufgerufen, abheben – abgehoben, untertauchen – untergetaucht, aussaugen – ausgesaugt, reiten – geritten

---

11 gelaufen – laufen, getauscht – tauschen, geborgen – bergen, gefunden – finden, zugebunden – zubinden, gestopft – stopfen, gebetet – beten, ausgelassen – auslassen, abgekocht – abkochen, ausgestochen – ausstechen, eingeweicht – einweichen, untergeschoben – unterschieben

---

12

verziehen	Infinitiv	essen	Infinitiv
umziehen	Infinitiv	umgezogen	2. Partizip
gegessen	2. Partizip	einrichten	Infinitiv
ausgelassen	2. Partizip	einziehen	Infinitiv
auslassen	Infinitiv	eingerichtet	2. Partizip

eingezogen	2. Partizip	verzogen	2. Partizip
verwerfen	Infinitiv	begrüßen	Infinitiv
gebunden	2. Partizip	begrüßt	2. Partizip
gesattelt	2. Partizip	wiegen	Infinitiv
verworfen	2. Partizip	auszählen	Infinitiv
binden	Infinitiv	ausgezählt	2. Partizip
satteln	Infinitiv	gewogen	2. Partizip
verloren	2. Partizip	frieren	Infinitiv
eingefroren	2. Partizip	verlieren	Infinitiv
austesten	Infinitiv	aufgefangen	2. Partizip
anstreichen	Infinitiv	losgelassen	2. Partizip
auftrennen	Infinitiv	auflegen	Infinitiv
eingegangen	2. Partizip	anklammern	Infinitiv
einsammeln	Infinitiv	ausgeleert	2. Partizip

13

Infinitiv	**Präteritum**	**2. Partizip**	**Infinitiv**	**Präteritum**	**2. Partizip**
schreiben	schrieb	geschrieben	steigen	stieg	gestiegen
reiten	ritt	geritten	schließen	schloss	geschlossen
treten	trat	getreten	treffen	traf	getroffen
werfen	warf	geworfen	ziehen	zog	gezogen
lesen	las	gelesen	raten	riet	geraten
reißen	riss	gerissen	geben	gab	gegeben
fangen	fing	gefangen	essen	aß	gegessen
brechen	brach	gebrochen	bitten	bat	gebeten
bieten	bot	geboten	fressen	fraß	gefressen
fallen	fiel	gefallen	sinken	sank	gesunken
singen	sang	gesungen	stoßen	stieß	gestoßen
greifen	griff	gegriffen	graben	grub	gegraben
geschehen	geschah	geschehen	schieben	schob	geschoben
springen	sprang	gesprungen	heißen	hieß	geheißen
gewinnen	gewann	gewonnen	sterben	starb	gestorben
waschen	wusch	gewaschen	liegen	lag	gelegen
tragen	trug	getragen	werfen	warf	geworfen
sitzen	saß	gesessen	verlassen	verließ	verlassen
reiben	rieb	gerieben			

Es sind starke Verben. Sie wechseln daher den Stammvokal in den einzelnen Formen.

14

Infinitiv **Nennform**	**1. Partizip** **Mittelwort der Gegenwart**	**2. Partizip** **Mittelwort der Vergangenheit**
brenn**en**	brenn**end**	**ge**brann**t**
sing**en**	sing**end**	**ge**sung**en**
lauf**en**	lauf**end**	**ge**lauf**en**
auslauf**en**	auslauf**end**	aus**ge**lauf**en**
steh**en**	steh**end**	**ge**stand**en**
nenn**en**	nenn**end**	**ge**nann**t**

schlaf**en**	schlaf**end**	**ge**schlaf**en**
leid**en**	leid**end**	**ge**litt**en**
wiss**en**	wiss**end**	**ge**wuss**t**
verkauf**en**	verkauf**end**	verkauf**t**
aufsaug**en**	aufsaug**end**	auf**ge**saug**t**
schwank**en**	schwank**end**	**ge**schwank**t**
kau**en**	kau**end**	**ge**kau**t**

---

15 ich werde kommen, du wirst kommen, er/sie/es wird kommen, wir werden kommen, ihr werdet kommen, sie werden kommen
ich werde nehmen, du wirst nehmen, er/sie/es wird nehmen, wir werden nehmen, ihr werdet nehmen, sie werden nehmen
ich werde übergeben, du wirst übergeben, er/sie/es wird übergeben, wir werden übergeben, ihr werdet übergeben, sie werden übergeben
ich werde anlegen, du wirst anlegen, er/sie/es wird anlegen, wir werden anlegen, ihr werdet anlegen, sie werden anlegen

---

16

	Person	**Zahl**	**Zeitform**
sie werden kommen	3. Person	Plural	Futur
du bist gegangen	2. Person	Singular	Perfekt
er nimmt	3. Person	Singular	Präsens
sie hoben auf	3. Person	Plural	Präteritum
wir haben getragen	1. Person	Plural	Perfekt
ich nahm	1. Person	Singular	Präteritum
er wird singen	3. Person	Singular	Futur
ihr habt gekocht	2. Person	Plural	Perfekt
es hat geschneit	3. Person	Singular	Perfekt
du wirst aufstehen	2. Person	Singular	Futur
wir werden warten	1. Person	Plural	Futur
sie hat gegessen	3. Person	Singular	Perfekt

---

17 In der Sommerzeit machen (sie) viele Menschen Urlaub. Einige (sie) verbringen ihre Ferien am Meer, andere zieht es in die Berge. Auch in den Großstädten tummelten sich immer schon Touristen (sie) und (sie) besichtigten die berühmten Bauwerke, Denkmäler und Museen.
Der interessierte Urlauber (er) bummelt in den Einkaufstraßen und (er) erholt sich in den Grünanlagen im Zentrum der Städte. Am Abend besucht (er) der Gast gerne ein Konzert oder (er) geht ins Theater. Ältere Leute (sie) lieben das nachmittägliche Kurkonzert und jüngere Menschen (sie) bevorzugen abendliche Open-Air-Konzerte. Kinder (sie) suchen die Bademöglichkeiten in den Strandbädern. Die Jugendlichen zieht eher der Vergnügungspark (er) an, denn Besichtigungen und Führungen (sie) reizen sie nicht.
Es wird sich an diesem Urlaubsverhalten auch bei zukünftigen Generationen nicht viel ändern.

	Person	Zahl	Zeit
(sie) machen	3. Pers.	Plural	Präsens
(sie) verbringen	3. Pers.	Plural	Präsens
(es) zieht	3. Pers.	Singular	Präsens
(sie) tummelten	3. Pers.	Plural	Präteritum
(sie) besichtigten	3. Pers.	Plural	Präteritum
(er) bummelt	3. Pers.	Singular	Präsens
(er) erholt (sich)	3. Pers.	Singular	Präsens
(er) besucht	3. Pers.	Singular	Präsens
(er) geht	3. Pers.	Singular	Präsens
(sie) lieben	3. Pers.	Plural	Präsens
(sie) bevorzugen	3. Pers.	Plural	Präsens
(sie) suchen	3. Pers.	Plural	Präsens
(er) zieht an	3. Pers.	Singular	Präsens
(sie) reizen	3. Pers.	Plural	Präsens
(es) wird (sich) ändern	3. Pers.	Singular	Futur

---

18 **Personalform; Stammformen; Futur; Perfekt**

ich zeichne; zeichnen, zeichnete, gezeichnet; ich werde zeichnen, ich habe gezeichnet
du schneidest; schneiden, schnitt, geschnitten; du wirst schneiden; du hast geschnitten
er klebt; kleben, klebte, geklebt; er wird kleben; er hat geklebt
sie malt; malen, malte, gemalt; sie wird malen; sie hat gemalt
es regnet; regnen, regnete, geregnet; es wird regnen; es hat geregnet
wir lesen; lesen, las, gelesen; wir werden lesen; wir haben gelesen
ihr rechnet; rechnen, rechnete, gerechnet; ihr werdet rechnen; wir haben gerechnet
sie schreiben; schreiben, schrieb, geschrieben; sie werden schreiben; sie haben geschrieben
wir kreuzen an; ankreuzen, kreuzte an, angekreuzt; wir werden ankreuzen; wir haben angekreuzt
du misst aus; ausmessen, maß aus, ausgemessen; du wirst ausmessen; du hast ausgemessen
er tritt ein; eintreten, trat ein, eingetreten; er wird eintreten; er ist eingetreten
ihr wartet ab; abwarten, wartete ab, abgewartet; ihr werdet abwarten; ihr habt abgewartet

---

19 **Personalform; Stammformen; Futur; Perfekt**

sie ist; sein, war, gewesen; sie wird sein; sie ist gewesen
ich werde; werden, wurde, geworden; ich werde werden; ich bin geworden
es hat; haben, hatte, gehabt; es wird haben; es hat gehabt
du bist; sein, war, gewesen; du wirst sein; du bist gewesen
wir haben; haben, hatte, gehabt; wir werden haben; wir haben gehabt
ihr seid; sein, war, gewesen; ihr werdet sein; ihr seid gewesen
sie sind; sein, war, gewesen; sie werden sein; sie sind gewesen

20

Infinitiv	Imperativ Singular	Imperativ Plural
schreiben	Schreib! Schreibe!	Schreibt! (Schreibet!)
aufessen	Iss auf!	Esst auf! (Esset auf!)
lernen	Lern! Lerne!	Lernt! (Lernet!)
schieben	Schieb! Schiebe!	Schiebt! (Schiebet!)
lesen	Lies!	Lest! (Leset!)
eintreten	Tritt ein!	Tretet ein!
einsteigen	Steig ein! Steige ein!	Steigt ein! (Steiget ein!)
abbrechen	Brich ab!	Brecht ab! (Brechet ab!)
hergeben	Gib her!	Gebt her! (Gebet her!)
abwerfen	Wirf ab!	Werft ab! (Werfet ab!)
abheben	Hebe ab!	Hebt ab! (Hebet ab!)
anziehen	Ziehe an!	Zieht an! (Ziehet an!)

21

brechen	**Nennform; Personalform** = 1. + 3. Pers. Plural, Präsens
gebogen	**3. Stammform** = 2. Partizip
Wirf zu!	**Befehlsform** Singular
schob	**Personalform** = 1. + 3. Pers. Singular, Präteritum
vergessen	**Nennform; Personalform** =1. + 3. Pers. Plural, Präsens; **3. Stammform** = 2. Partizip
Springt!	**Befehlsform** Plural
Gib auf!	**Befehlsform** Singular
gestohlen	**3. Stammform** = 2. Partizip
schriebst	**Personalform** = 2. Pers. Singular, Präteritum
gerissen	**3. Stammform** = 2. Partizip
Sprich!	**Befehlsform** Singular
einnehmen	**Nennform**
einsetzen	**Nennform**
eingekauft	**3. Stammform** = 2. Partizip

22

<u>angekommen</u>	<u>gehst</u>	frisch	<u>hast</u>
<u>helfen</u>	Hilfe	<u>angemalt</u>	<u>lachend</u>
rund	<u>Spiel mit!</u>	<u>spielend</u>	essbar
<u>tragend</u>	<u>angelegt</u>	<u>buchen</u>	Buch
<u>werden</u>	<u>aufgeben</u>	<u>rechnete</u>	<u>aß</u>
<u>hoffen</u>	<u>verträgt</u>	<u>Werft!</u>	<u>verzieren</u>
<u>hoffend</u>	<u>blüht</u>	Blüte	zierlich
<u>schmeckt</u>	<u>verblühte</u>	<u>angefahren</u>	Verzierung
lustig	bunt	Blatt	<u>blättern</u>
traurig	<u>trauern</u>	<u>malen</u>	Mal
<u>verschicken</u>	<u>schonen</u>	Kleber	dünn
<u>ankleben</u>	<u>verschonen</u>	<u>verantworten</u>	<u>verdünnen</u>
Verspannung	<u>spannen</u>	Spange	bleich

---

23 Da Julia ihrer Freundin eine **vergangene** Begebenheit **erzählt**, verwendet sie das **Perfekt**.

24 „Heute in der großen Pause ist mir etwas Unglaubliches passiert! Ich bin mit Nina und Lisa im Schulhof gestanden und wir haben lustig geplaudert. Da ist plötzlich der Nico vor uns gestanden und hat mich gefragt, ob ich zu seiner Geburtstagsparty komme. Vor lauter Schreck habe ich nicht geantwortet. Nina hat mir einen leichten Schubs gegeben und dann habe ich endlich Ja gesagt. Wahnsinn!"

Personalformen	Person	Zahl	Zeit
(es) ist passiert	3. Pers.	Singular	Perfekt
(ich) bin gestanden	1. Pers.	Singular	Perfekt
(wir) haben geplaudert	1. Pers.	Plural	Perfekt
(er) ist gestanden	3. Pers.	Singular	Perfekt
(er) hat gefragt	3. Pers.	Singular	Perfekt
(ich) komme	1. Pers.	Singular	Präsens
(ich) habe geantwortet	1. Pers.	Singular	Perfekt
(sie) hat gegeben	3. Pers.	Singular	Perfekt
(ich) habe gesagt	1. Pers.	Singular	Perfekt

25 Da Julia an **Zukünftiges** denkt, verwendet sie **Futur**.

26 Morgen um diese Zeit werde ich schon auf der Party sein.
Ich werde mein neues Sommerkleid und die lässige Jeansjacke anziehen. Die Haare wird mir Nina frisieren.
Ich werde Nico eine CD mitbringen. Morgen werde ich noch weiße Schokolade kaufen, denn die isst er gerne.

Personalformen	Person	Zahl	Zeit
(ich) werde sein	1. Pers.	Singular	Futur
(ich) werde anziehen	1. Pers.	Singular	Futur
(sie) wird frisieren	3. Pers.	Singular	Futur
(ich) werde mitbringen	1. Pers.	Singular	Futur
(ich) werde kaufen	1. Pers.	Singular	Futur
(er) isst	3. Pers.	Singular	Präsens

27 Nico **erzählt**, was jetzt gerade (**gegenwärtig**) passiert, deshalb verwendet er **Präsens**.

28 „Ich richte gerade alles für heute Abend her. Was meinst du, welche Musik gefällt Julia? Seit zwei Stunden räume ich schon mein Zimmer zusammen und schaffe im Kellerstüberl Platz zum Tanzen.
Mein Vater baut gerade die Stereoanlage auf und meine Mutter richtet Brötchen her. Echt cool, sage ich dir!
Also bis 8 Uhr! Ich freue mich schon!"

Personalformen	Person	Zahl	Zeit
(ich) richte her	1. Pers.	Singular	Präsens
(du) meinst	2. Pers.	Singular	Präsens
(sie) gefällt	3. Pers.	Singular	Präsens
(ich) räume zusammen	1. Pers.	Singular	Präsens

(ich) schaffe	1. Pers.	Singular	Präsens
(er) baut auf	3. Pers.	Singular	Präsens
(sie) richtet her	3. Pers.	Singular	Präsens
(ich) sage	1. Pers.	Singular	Präsens
(ich) freue	1. Pers.	Singular	Präsens

29 Julia **schreibt** über etwas **Vergangenes**, daher wählt sie **Präteritum**.

30 Gestern war ich auf Nicos Geburtstagsparty. Es war einfach toll.
Chris legte gleich zu Beginn meine mitgebrachte CD auf. Nico fand sie echt cool, auch über die Schokolade freute er sich.
Wir tanzten fast die ganze Zeit. Leider holte mich meine große Schwester um 10 Uhr ab. Ich werde Nico ganz sicher auch zu meiner Party einladen!

Personalformen	**Person**	**Zahl**	**Zeit**
(ich) war	1. Pers.	Singular	Präteritum
(es) war	3. Pers.	Singular	Präteritum
(er) legte auf	3. Pers.	Singular	Präteritum
(er) fand	3. Pers.	Singular	Präteritum
(er) freute (sich)	3. Pers.	Singular	Präteritum
(wir) tanzten	1. Pers.	Plural	Präteritum
(sie) holte ab	3. Pers.	Singular	Präteritum
(ich) werde einladen	1. Pers.	Singular	Futur

31
1. Julia freute sich sehr, als Nico sie zu seiner Party **einlud**.
2. Die beste Tänzerin auf der Party war Julia, das wusste jeder, der sie dort **sah**.
3. Nico freute sich, als Julia **aufstand** und mit ihm tanzte.
4. Julia wird Nico auch zu ihrer Party einladen, damit sie ihm **zeigt**, wie toll sie ihn findet.

32

Infinitiv	**Präsens**	**Präteritum**	**Perfekt**	**Futur**
verbieten	ich verbiete	ich verbot	ich habe verboten	ich werde verbieten
raufen	du raufst	du rauftest	du hast gerauft	du wirst raufen
denken	er denkt	er dachte	er hat gedacht	er wird denken
putzen	sie putzt	sie putzte	sie hat geputzt	sie wird putzen
ausscheiden	es scheidet aus	es schied aus	es ist ausgeschieden	es wird ausscheiden
werfen	wir werfen	wir warfen	wir haben geworfen	wir werden werfen
gießen	ihr gießt	ihr gosst	ihr habt gegossen	ihr werdet gießen
biegen	sie biegen	sie bogen	sie haben gebogen	sie werden biegen
legen	ich lege	ich legte	ich habe gelegt	ich werde legen
stehen	du stehst	du standest	du bist gestanden	du wirst stehen
ausleeren	er leert aus	er leerte aus	er hat ausgeleert	er wird ausleeren
heben	sie hebt	sie hob	sie hat gehoben	sie wird heben
fliegen	es fliegt	es flog	es ist geflogen	es wird fliegen
ausblasen	wir blasen aus	wir bliesen aus	wir haben ausgeblasen	wir werden ausblasen
flechten	ihr flechtet	ihr flochtet	ihr habt geflochten	ihr werdet flechten
liegen	sie liegen	sie lagen	sie sind gelegen	sie werden liegen

33 HERZLICH WILLKOMMEN ZU EINEM RUNDGANG DURCH DEN ZOO! AUF DIESER SPANNENDEN ENTDECKUNGSREISE WERDEN WIR GROSSE UND KLEINE, BUNTE UND EINFÄRBIGE, RUHIGE UND SEHR LEBENDIGE TIERE KENNEN LERNEN.
EIN ZOO BESTEHT AUS VIELEN FREILANDGEHEGEN, IN DENEN DIE TIERE AUS ALLER WELT GENÜGEND AUSLAUF HABEN.
DER BESUCHER BRAUCHT KEINE ANGST ZU HABEN, DENN DIE GEHEGE UND KÄFIGE SIND GESICHERT.

Du erkennst ein Nomen daran, dass du einen Artikel davor stellen kannst.

---

34 das Tiefkühlgemüse, das Computerspiel, der Blumentopf, der Geschirrreiniger, der Abenteuerroman, das Stofftier, der Dosenöffner, die Schifffahrt, die Nussschokolade, der Seeelefant, die Butterblume, die Auspuffflamme

---

35 KLEBEN, TRAURIGKEIT, DENKEN, KLEBER, POLSTER, BILDUNG, ZAHLUNG, DIENEN, SITZUNG, HEITERKEIT, GEFÄNGNIS, STÜTZEN (auch als Verb – (sie) stützen), FREUNDLICH, ZEUGNIS, FREUNDLICHKEIT, STÜTZUNG, LAUFEN, ALTERTUM, STILLE, ZÄHLEN, WANDERER, FREUNDSCHAFT, LESER, TRÜBSAL, FÜTTERUNG, ANNEHMEN, EREIGNIS, BILDEN, FLIEGEN (auch als Verb – (sie) fliegen), WANDERUNG, WÖRTER, WARTEN, WARTUNG, SCHREIBUNG, SITZEN, TANZEN, FRÖHLICHKEIT, SINGEN, VERSTECKEN, BUNT, SCHONUNG, ZUSAMMEN, ZUG

---

36 der Rundgang, der Zoo, die Entdeckungsreise, die Tiere, die (vielen) Freilandgehege, die Welt, der Auslauf, die Besucher, die Angst, das Gehege, die Käfige

---

37 der Rundgang (Sg.), der Zoo (Sg.), die Entdeckungsreise (Sg.), die Tiere (Pl.), die Freilandgehege (Pl.), die Welt (Sg.), der Auslauf (Sg.), die Besucher (Pl.), die Angst (Sg.), das Gehege (Sg.), die Käfige (Pl.)

38

Singular	Plural	Singular	Plural
das Tuch	die Tücher	der (Mal-)Stift,	die Stifte
der Wunsch	die Wünsche	das (Kirchen-)Stift	
der Gang	die Gänge	die (Steh-)Leiter	die Leitern
das Denkmal	die Denkmäler	der (Amts-)Leiter	die Leiter
die Maus	die Mäuse	das Band	die Bänder
das Nashorn	die Nashörner	der (Bücher-)Band	die Bände
der Stock	die Stöcke	das Ross	die Rösser,
das Brösel	die Brösel		die Rosse
der Semmelknödel	die Semmelknödel	der Flügel	die Flügel
die Gans	die Gänse	der Kran	die Kräne
das Ferkel	die Ferkel		

---

39 der Rundgang (männl.), der Zoo (männl.), die Entdeckungsreise (weibl.), die Tiere (das Tier – sächl.), die Freilandgehege (das Freilandgehege – sächl.), die Welt (weibl.), der Auslauf (männl.), die Besucher (der Besucher – männl.), die Angst (weibl.), das Gehege (sächl.), die Käfige (der Käfig – männl.)

40

das Auto	sächlich	die Matratze	weiblich
der Fuß	männlich	die Zwiebel	weiblich
der Karton	männlich	das Maß	sächlich
das Bettgestell	sächlich	der Knollenblätterpilz	männlich
die Sanftmut	weiblich	der Löffel	männlich
das Bücherregal	sächlich	der Kaktus	männlich
die Kartoffel	weiblich	der Computer	männlich
das Kilogramm	sächlich	das, der, die Jogurt/Joghurt	sächl./männl./weibl.
der Suppenteller	männlich	das Gesicht	sächlich

41

1. Ich hoffe, **dass** wir morgen in den Zoo gehen!
2. Meine Mutter meint, **dass** ideales Wetter für einen Zoobesuch ist.
3. Das Eintrittsgeld, **das (welches)** du mir gegeben hast, habe ich in den Rucksack gesteckt.
4. **Dass** der Besucheransturm beim Elefantengehege sehr groß sein wird, kann ich mir denken.
5. Ich glaube, **das (dieses)** Elefantenkind ist die große Attraktion des Tiergartens.
6. Die Tiere stürzen sich auf **das (dieses)** Futter, **das (welches)** die Pfleger gebracht haben.
7. **Das (Dieses)** Elefantengehege, **das (welches)** kürzlich umgebaut wurde, bietet den Tieren viel Freiraum.
8. Die meisten Tiere kennen **das (dieses)** Leben in freier Wildbahn nicht.
9. Aber **dass** sich die Zootiere hier wohl fühlen, erkennt jeder Besucher.
10. Wir freuen uns schon auf **das (dieses)** nächste Mal.

42

	Singular	**Plural**	**Singular**	**Plural**
1. Fall (Nominativ)	der Bruder	die Brüder	der Affe	die Affen
2. Fall (Genitiv)	des Bruders	der Brüder	des Affen	der Affen
3. Fall (Dativ)	dem Bruder	den Brüdern	dem Affen	den Affen
4. Fall (Akkusativ)	den Bruder	die Brüder	den Affen	die Affen
1. Fall (Nominativ)	die Schwester	die Schwestern	die Giraffe	die Giraffen
2. Fall (Genitiv)	der Schwester	der Schwestern	der Giraffe	der Giraffen
3. Fall (Dativ)	der Schwester	den Schwestern	der Giraffe	den Giraffen
4. Fall (Akkusativ)	die Schwester	die Schwestern	die Giraffe	die Giraffen
1. Fall (Nominativ)	das Buch	die Bücher	das Tier	die Tiere
2. Fall (Genitiv)	des Buches	der Bücher	des Tieres	der Tiere
3. Fall (Dativ)	dem Buch	den Büchern	dem Tier	den Tieren
4. Fall (Akkusativ)	das Buch	die Bücher	das Tier	die Tiere

43

	Singular	**Singular**	**Singular**
1. Fall (Nominativ)	ein Tiger	eine Robbe	ein Schwein
2. Fall (Genitiv)	eines Tigers	einer Robbe	eines Schweines
3. Fall (Dativ)	einem Tiger	einer Robbe	einem Schwein
4. Fall (Akkusativ)	einen Tiger	eine Robbe	ein Schwein

Beim unbestimmten Artikel gibt es keine Form des Plurals!

44

der Flügel – die Flügel
die Kartoffel – die Kartoffeln
der Erdapfel – die Erdäpfel
die Nadel – die Nadeln
das Kabel – die Kabel
der Mantel – die Mäntel
die Muschel – die Muscheln
die Nudel – die Nudeln
das Büschel – die Büschel
der Wickel – die Wickel
die Fackel – die Fackeln
das Segel – die Segel
der Hügel – die Hügel
der Ziegel – die Ziegel
der Knödel – die Knödel

45

Löwe und Tiger

1. <u>Die Löwen</u> leben in Rudeln zusammen. Wer oder was? 1. Fall
2. Der Anführer <u>der Löwen</u> ist meistens der Familienälteste. Wessen? 2. Fall
3. <u>Den Löwenmann</u> erkennt man an seiner besonders starken Mähne. Wen oder was? 4. Fall
4. Der Aufseher gibt <u>dem Löwen</u> Pferdefleisch. Wem? 3. Fall
5. <u>Den Löwen</u> nennt man auch König der Tiere. Wen oder was? 4. Fall
6. <u>Der Löwe</u> kommt aus Afrika, aber auch in Asien leben <u>Löwen</u>. (2 x) Wer oder was? 1. Fall
7. <u>Der Tiger</u> ist die größte Katze und ein Verwandter <u>des Löwen</u>. Wer oder was? 1. Fall; Wessen? 2. Fall
8. <u>Dem Tiger</u> gefällt es besonders im Pflanzendickicht und in der Nähe des Wassers. Wem? 3. Fall
9. Der Mensch ist der größte Feind <u>des Tigers</u>. Wessen? 2. Fall
10. Er hat <u>den Tiger</u> in vielen Gebieten Asiens bereits ausgerottet. Wen oder was? 4. Fall

---

46

Zwei gewaltige Tiere im Zoo

Die Bären (Nominativ) sind recht schwere und plumpe Gesellen. Das Fell **des/der Bären** (Genitiv) ist meistens dunkel und zottelig.
Verspielt tollen **die Bärenkinder** (Nominativ) um ihre Eltern herum.
Aufmerksam beobachtet **der Bärenvater** (Nominativ) das Spielen **der Bärenjungen** (Genitiv).
Den Braunbären (Akkusativ) sollte man aber nicht unterschätzen, er kann auch vernichtende Prankenhiebe austeilen.
Im großen Freigehege lebt **der Elefant** (Nominativ). **Der Elefant** (Nominativ) gehört zur Familie der Rüsseltiere. Die Vorfahren **des/der Elefanten** (Genitiv) waren die Mammuts.
Besonders auffallend sind die riesigen Ohren und Stoßzähne **des Afrikanischen Elefanten** (Genitiv). **Den Elefanten** (Akkusativ) als Dickhäuter zu bezeichnen ist ungerecht, da er eine eher dünne und empfindliche Haut hat.
Bis zu 250 Kilogramm Grünfutter verdrückt **der Elefant** (Nominativ) am Tag. So sind die Hauptbeschäftigungen **des/der Elefanten** (Genitiv) die Futtersuche und das Fressen.

47

Nachwuchs im Zoo

1. Wir besuchten **den neugeborenen Elefanten** (Einzahl). Akkusativ
2. Das Elefantenbaby trinkt **die Muttermilch** bis zum zweiten Lebensjahr. Akkusativ
3. Die Pfleger brachten **dem Elefantenvater** gerade das Grünfutter. Dativ
4. Am Affenfelsen besuchten wir **den jungen Schimpansen** (Einzahl). Akkusativ

5. Wir beobachteten **die lustigen Schimpansen** (Mehrzahl) bei der Fütterung. Akkusativ
6. Ein Pfleger schüttete **den Affen** (Mehrzahl) Äpfel und Bananen ins Gehege. Dativ
7. **Dem kleinen Schimpansen** (Einzahl) gab er eine Trinkflasche. Dativ
8. **Dem Schimpansenmännchen** (Einzahl) schien das Futter zu schmecken. Dativ

---

48 Bunt, laut und sehr lebendig

In den großen Vogelhäusern der Zoos ist es bunt, laut und sehr lebendig. Auf der weiten Welt leben mehr als 8000 Vogelarten. Trotz dieser bunten Vielfalt gibt es viele Dinge, die bei allen Vögeln gleich sind. Alle tragen ein schönes Federkleid, haben große oder kleine Flügel und legen Eier.

In unseren heimischen Wäldern sind vor allem Singvögel zu Hause. Sie verständigen sich mit kunstvollem Gesang. Viele machen sich im späten Herbst auf die lange Reise in wärmere Gegenden. Im sonnigen Frühjahr kehren diese Zugvögel dann zu uns zurück.

---

49 **Adjektive, die zum Nomen gehören:** großen (Vogelhäusern); weiten (Welt); bunten (Vielfalt); viele (Dinge); schönes (Federkleid); große (und) kleine Flügel; heimischen (Wäldern); kunstvollem (Gesang); späten (Herbst); lange (Reise); wärmere (Gegenden); sonnigen (Frühjahr) – **Diese Adjektive sind gebeugt (Beugungsendung).**

Adjektive, die zum Verb „sein" gehören: (ist) bunt; laut (und) lebendig; gleich (sind) – **Diese Adjektive sind ungebeugt.**

---

50 Besuch bei den Delfinen

Wir besuchen bei **heiterem** Wetter den **nahen** Tiergarten.

Heute spazieren wir zu den **fröhlichen** Delfinen. Mit **großen** Schritten betreten wir das Delfinarium und warten auf die **großartige** Vorstellung mit den **lustigen** Delfinen. Wir hören schon ihre **lauten** Schreie und freuen uns auf die **tollen** Kunststücke. Aus einem Blasloch stoßen die Delfine nämlich **helle** Töne aus, die ihnen zur Orientierung dienen.

Bekannt sind diese **intelligenten** Tiere aber auch für ihr **schnelles** Tempo. Mit ihrer **mächtigen** Schwanzflosse erreichen sie die Geschwindigkeit eines Motorbootes. Blitzschnell tauchen die Delfine auf und springen in **weitem** Bogen wieder ins Wasser. Dabei winken sie mit ihren **kleinen** Seitenflossen den Zuschauern zu. Hast du gewusst, dass diese **schnellen** Wassertiere keine Fische sind, sondern Säugetiere?

51

schnell:	1.	Die Affen sind **schnell.**
	2.	Die **schnellen** Affen holen sich die Bananen.
langsam:	1.	Die Schildkröten sind **langsam.**
	2.	Ich beobachte die **langsamen** Schildkröten.
intelligent:	1.	Der Delfin ist **intelligent.**
	2.	Im Delfinarium sehen wir den **intelligenten** Delfinen zu.
lustig:	1.	Der Felsenpinguin mit seinen Federn am Kopf ist **lustig.**
	2	Der Felsenpinguin hat einen **lustigen** Kopfschmuck.

gefährlich:	1.	Das Leben des Tierpflegers ist **gefährlich**.
	2.	Der Tierpfleger darf sich in keine **gefährliche** Situation begeben.
durstig:	1.	Die Giraffe ist **durstig**.
	2.	Die **durstige** Giraffe steht beim Wasserloch.
hungrige:	1.	Die Pandabären sind immer **hungrig**.
	2	Wir beobachten die **hungrigen** Pandabären beim Fressen.
müde:	1.	Der Löwe ist **müde**.
	2.	Der **müde** Löwe liegt im Schatten eines Baumes.

Adjektive, die zu einem Verb gehören, werden nicht gebeugt. (keine Beugungsendung) (1.)
Adjektive, die zu einem Nomen gehören, werden gebeugt. (Beugungsendung) (2.)

52

1. Partizip	Verwendung als Adjektiv	2. Partizip	Verwendung als Adjektiv
aufblüh**end**	der **aufblühende** Flieder	auf**ge**blüh**t**	der **aufgeblühte** Flieder
sing**end**	die **singende** Amsel	**ge**sung**en**	das **gesungene** Lied
spiel**end**	das **spielende** Kind	**ge**spiel**t**	die **gespielten** Spiele
brüll**end**	der **brüllende** Löwe	**ge**brüll**t**	die **gebrüllten** Töne
such**end**	die **suchenden** Affen	**ge**such**t**	das **gesuchte** Futter
ruf**end**	die **rufenden** Leute	**ge**ruf**en**	die **gerufenen** Wärter
pass**end**	der **passende** Stoff	**ge**pass**t**	der **gepasste** Ball
fress**end**	der **fressende** Tiger	**ge**fress**en**	das **gefressene** Fleisch
trink**end**	das **trinkende** Baby	**ge**trunk**en**	der **getrunkene** Saft

---

53

Positiv / Grundstufe	Komparativ / Mehrstufe	Superlativ / Meiststufe
bunt	bunter	(am) buntesten
laut	lauter	(am) lautesten
lebendig	lebendiger	(am) lebendigsten
groß	größer	(am) größten
weit	weiter	(am) weitesten
viel	**mehr**	(am) **meisten**
gleich	–	–
schön	schöner	(am) schönsten
klein	kleiner	(am) kleinsten
heimisch	–	–
kunstvoll	kunstvoller	(am) kunstvollsten
spät	später	(am) spätesten
lang	länger	(am) längsten
warm	wärmer	(am) wärmsten
sonnig	sonniger	(am) sonnigsten
heiter	heiterer	(am) heitersten
nahe	**näher**	(am) **nächsten**
fröhlich	fröhlicher	(am) fröhlichsten
großartig	großartiger	(am) großartigsten
lustig	lustiger	(am) lustigsten
toll	toller	(am) tollsten

hell	heller	(am) hellsten
intelligent	intelligenter	(am) intelligentesten
schnell	schneller	(am) schnellsten
mächtig	mächtiger	(am) mächtigsten
blitzschnell	–	–

54 Tierische Vergleiche

Der afrikanische Elefant ist **größer als** sein indischer Verwandter.
Beim indischen Elefanten sind die Stoßzähne und die Ohren **kleiner als** beim afrikanischen Elefanten.
Die Haut des indischen Dickhäuters ist **feiner** und **glatter als** die seines afrikanischen Artgenossen.
Der Afrikanische Elefant ist aber genau**so arg** vom Aussterben bedroht wie der Indische Elefant.
Die Löwenmutter ist **schlanker als** das Männchen und hat keine Mähne.
Beim Orang-Utan sind beide Arme **länger** und **kräftiger als** die Beine.
Der Schimpanse lebt **häufiger** am Boden **als** der Orang-Utan. Dieser fühlt sich in den Bäumen **am wohlsten**.

55

1. Er ist **fleißig wie** eine Biene. = **Gleichheit**: Er und die Biene sind gleich fleißig.
2. Er ist **fleißiger als** eine Biene. = **Verschiedenheit:** Er überbietet die Biene im Fleißigsein.

56

1. Je kleiner (Komparativ) die Eidechse, umso größer (Komparativ) ihre Hoffnung, ein Krokodil zu werden.
2. Die größten (Superlativ) Ochsen ziehen nicht die größten (Superlativ) Furchen.
3. Kein Mensch ist so reich (Positiv), dass er nicht seinen Nachbarn bräuchte.
4. Wer sich selber für seinen besten (Superlativ) Freund hält, hat keinen anderen.
5. Der Fisch, den man nicht fängt, ist immer groß (Positiv).
6. Unbilliger (Positiv) Friede ist besser (Komparativ) als gerechter (Positiv) Krieg.

57

Nomen / Verb	**Adjektiv**	**Nomen / Verb**	**Adjektiv**
Lust	lustig	Sorge	sorgsam
Staub	staubig	Wunder	wunderbar, -lich, -sam
bedeuten	bedeutsam	lesen	lesbar, leserlich
Zorn	zornig	wachen	wachsam
Schrecken	schrecklich, schreckhaft	Grund	gründlich
Furcht	furchtsam, furchtbar	Gefahr	gefährlich
waschen	waschbar	Dank	dankbar
Geduld	geduldig	Raum	räumlich
Dreck	dreckig	Sport	sportlich
genießen	genießbar, -erisch	Spaß	spaßig
Stunde	stündlich	Sonne	sonnig
Zug	zügig	Regen	regnerisch
trinken	trinkbar	essen	essbar
Herz	herzlich, herzig	hören	hörbar

Last	lästig	erholen	erholsam
Saft	saftig	Käufer	käuflich
raten	ratsam	lachen	lachhaft, lächerlich
Haus	häuslich	Ecke	eckig
Stein	steinig	begehen	begehbar
benutzen	benutzbar	Halt	haltbar

---

58 **Nomen:** Männer (Mann), Blüte, Blatt, Stängel, Zorn, Reichtum, Name, Hindernis, Missverständnis, Leichtigkeit, Verhältnis, Zug, Zahlung, Grube, Mauer, Farbe

Ich erkenne ein Nomen daran, dass ich einen Artikel davor setzen kann.

Verb: blättern, verlieren, gehört (gehören, hören), liest (lesen), gewonnen (gewinnen), zog (ziehen), saugen, sitzet! (sitzen), getragen (tragen), grub (graben), las (lesen), komm! (kommen), zählt (zählen), bog (biegen), gebunden (binden)

Ich erkenne ein Verb daran, dass es Tätigkeiten, Zustände und Vorgänge („Tunwort") beschreibt.

Adjektiv: sonnig, furchtsam, männlich, lustigsten (lustig), bunt, dankbar, mehr (viel), persönlich, schaurig, zornig, böse, ängstlich, gefährlich, schwieriger (schwierig), biegsam, schöner (schön)

Ich erkenne ein Adjektiv daran, dass es Eigenschaften beschreibt.

59

Verb	Nomen	Adjektiv	Zusammensetzung
nennen	die Nennung, der Nenner	nennenswert	die Nennform
hören	das Gehör	hörbar	die Anhörung
denken	der Denker	denkbar	der Denkanstoß
fahren	der Fahrer	fahrbar, fahrig	die Fahrerkabine
hoffen	die Hoffnung	hoffend (1. Partizip)	der Hoffnungsträger
laufen	der Lauf	läufig	die Laufstrecke
lesen	der Leser	leserlich	die Lesenacht
binden	die Bindung, der Bund	bündig	der Geheimbund
sparen	das Sparen	sparsam	das Sparbuch
streichen	die Streichung	streichbar	die Streichwurst
stoßen	der Stoß	anstößig	der Anstoß
passen	der Pass	passierbar	das Passwort
fassen	die Fassung	fassbar	die Einfassung
tönen	die Tönung	tönend (1. Partizip)	die Haartönung
tragen	die Trage	tragend (1. Partizip)	die Tragbahre
ziehen	die Ziehung	ziehbar	die Lottoziehung
kleben	der Kleber	klebrig	der Klebstoff
(ver)zieren	die Verzierung	zierlich	die Zierleiste
trauern	die Trauer	traurig	die Trauerfeier
lenken	der Lenker	lenkbar	das Lenkrad

60 **Stamm FANG:** fangen, der Fang, gefangen, der Fischfang, verfangen, das Gefängnis, der Umfang

Stamm WARM: die Wärme, wärmen, warm, erwärmen, die Erwärmung, aufwärmen, das Warmwasser

Stamm FISCH: fischen, das Fischen, der Fischfang, der Seefisch, fischreich, die Fischgräte

Stamm FEHL: fehlen, das Fehlen, die Fehlstunde, der Fehler, die Fehlstellung, die Verfehlung, fehlerhaft

---

Stamm KAUF: Käufer, verkaufen, Kaufmann, einkaufen, Großkaufhaus, Ausverkauf, verkäuflich

Stamm TRINK: Getränk, trinkbar, betrinken, angetrunken, ertrunken, Trinkhalm, Getränkeautomat

Stamm LAUF: Einlauf, verlaufen, Wettlauf, Anläufe, eingelaufen, Läufer

Stamm BLATT: blättern, umblättern, aufgeblättert, Blätterteig, Einlageblatt, Erdbeerblättertee

---

61 Zu Besuch bei Giraffe und Kamel

1. **Sie** schauen über den hohen Zaun.
2. Genüsslich pflücken **sie** die Blätter von den höchsten Bäumen.
3. Auch Heu und Stroh schmecken **ihnen**.
4. Trotz ihrer Körpergröße sind **sie** schnelle Läufer.
5. **Es** ist auch ein Wiederkäuer und **es** ist an karge Kost gewöhnt.
6. Bis zu zwei Wochen können **sie** ohne Wasser auskommen.
7. Gibt es wieder Wasser, trinken **sie** bis zu 150 Liter Wasser.
8. Im Zoo gibt man **ihnen** nicht zu viel Futter, da sie karge Kost gewöhnt sind.
9. In den Höckern wird Fett gespeichert, von dem **es** später zehrt.
10. Wer einmal auf **ihm** geritten ist, weiß, dass man seekrank werden kann.

---

62 Im Aquarienhaus und im Terrarium

1. Gestern besuchten <u>mein Freund und ich</u> das Aquarienhaus. **Wir** beobachteten die Süßwasserfische in den großen Becken.
2. Interessiert beobachtete Martin <u>die Piranhas</u>. Über **sie** wird erzählt, dass sie Menschen mit Haut und Haar gefressen haben sollen.
3. <u>Diese Geschichten</u> sind wohl reine Erfindung, denn **sie** bekommt man nur im Horrorfilm erzählt.
4. <u>Martin und ich</u> beschlossen, auch ins Terrarium zu gehen. **Wir** wollten auch noch <u>die Krokodile</u> sehen.
5. **Sie** lieben schlammige Wasserstellen.
6. <u>Meinem Freund</u> sind <u>die Schlangen</u> nicht so geheuer. **Ihm** ekelt es vor **ihnen**.
7. **Sie** sind unglaublich gelenkig, denn **sie** haben eine bewegliche Wirbelsäule.
8. <u>Mein Vater</u> wartete schon vor dem Tierpark. Ich rannte zu **ihm** und erzählte **ihm** von unseren Erlebnissen.
9. <u>Martin und ich</u> beschlossen, nächstes Wochenende wieder zu kommen. **Wir** werden dann auch die Schildkröten und Eidechsen besuchen.
10. Als <u>Martin</u> nach Hause gekommen war, spielte **er** am Gameboy ein aufregendes Spiel, das von Meeresungeheuern handelt. Typisch Martin!

63 Wie sich Tiere im Zoo verhalten

1. Ich sehe schon **meine** Freunde beim Eingangstor stehen.
2. Bei der Kassa geben wir **unsere** Rucksäcke ab.
3. Habt ihr **eure** Eintrittskarten schon bekommen?
4. Der Gorilla kratzt sich **seinen** Bauch.
5. Die Giraffe spreizt zum Trinken **ihre** langen Vorderbeine.
6. Voller Wut schlägt der Schimpanse mit **seiner** Faust auf den Boden.
7. Mit Genuss verdrücken die Schimpansen **ihre** Bananen.
8. Der Bambusbär hat nach **seinem** Leibgericht **seinen** Namen bekommen.

---

64 Unser Besuch im Nachthaus

Heute machen wir unseren Rundgang im Nachthaus des Zoos. Dort leben Tiere, die in der Nacht aktiv werden und im künstlichen Mondlicht ihr bewegtes Nachtleben verbringen. Sie fühlen sich also wie in der Nacht und unternehmen dann ihre Beuteflüge. Gegen Abend, wenn das Nachthaus geschlossen wird, wird es hell erleuchtet und jedes Tiere kann seine verdiente Ruhe haben. Zuerst erblicke ich einige Fledermäuse. Sie fliegen blitzschnell und ich höre nur das Rauschen ihrer Flügel. Andere hängen noch in ihrer Schlafstellung an einem Ast mit ihrem Kopf nach unten. Fledermäuse haben ihr gutes Orientierungsvermögen auch im Dunkeln. Sie stoßen beim Fliegen ihre Schreie aus, die für uns nicht zu hören sind. Am zurückgeworfenen Echo können sie sich dann orientieren. Gleich wird eine Fledermaus ihre Beute in einem kleinen Nachtfalter finden. Mein Freund Martin interessiert sich mehr für die Vampirfledermaus. Sie ernährt sich ausschließlich vom Blut von Wirbeltieren. Er erzählt mir dann seine Schauergeschichten über Vampire. Darüber muss er aber selber lachen, denn wer würde sich schon vor einer kleinen Fledermaus fürchten! Fürchtest du dich etwa?

Personalpronomen	**Possessivpronomen**
wir – 1. Pers. Plural	unser (Besuch) – 1. Pers. Plural
sie – 3. Pers. Plural	unseren (Rundgang) – 1. Pers. Plural
es – 3. Pers. Singular	ihr (Nachtleben) – 3. Pers. Plural
ich – 1. Pers. Singular	ihre (Beuteflüge) – 3. Pers. Plural
sie – 3. Pers. Plural	seine (Ruhe) – 3. Pers. Singular
ich – 1. Pers. Singular	ihrer (Flügel) – 3. Pers. Plural
sie – 3. Pers. Plural	ihrer (Schlafstellung) – 3. Pers. Plural
uns – 1. Pers. Plural	ihrem (Kopf) – 3. Pers. Plural
sie – 3. Pers. Plural	ihr (Orientierungsvermögen) – 3. Pers. Plural
sie – 3. Pers. Singular	ihre (Schreie) – 3. Pers. Plural
er – 3. Pers. Singular	ihre (Beute) – 3. Pers. Singular
mir – 1. Pers. Singular	mein (Freund) – 1. Pers. Singular
er – 3. Pers. Singular	seine (Schauergeschichten) – 3. Pers. Singular
du – 2. Pers. Singular	
dich – 2. Pers. Singular	

---

65 **Nomen:** der Besuch, der Gorilla, der Affenfelsen, das Gorillamännchen, die Sonne, die Familie, der Meter, das Kilogramm, das Gorillaweibchen,

	das Kind, das Fell, das Futter, der Menschenaffe, der Bambus, Martin, die Geschichte, der Anblick, der Pflanzenfresser, das Wort
Verb:	schauen, besuchen, zugehen (geht zu), sitzen, beobachten, sein (ist), haben (hat), spielen, kratzen, suchen, essen, erzählen, glauben
Adjektiv:	friedlich, groß, prall, fürsorglich, klein, glatt, schmackhaft, lieb – am liebsten, köstlich, gruselig, friedlich
Pronomen:	wir, es, seine, es, seinem, ihm, ihm
Artikel:	den, die, das, der, ein, das, ein, dem, ein

66

1. Die Seehunde springen **aus** dem Wasser.
2. Die Giraffe trinkt **aus** dem Wassertümpel.
3. Die Löwin liegt **in** der Sonne und schaut **auf** ihr Junges.
4. Der Elefant holt **mit** seinem Rüssel Blätter **vom** Baum.
5. Der Gorilla lehnt sich **gegen** den Baumstamm.
6. Der Tierpfleger bringt Fleisch **zu** den hungrigen Tigern.
7. Die Pandabären klettern **auf** den Bambusbäumen herum.
8. Die Zebras laufen **im** weiten Gehege.
9. Der neugierige Mandrill greift **nach** meiner Hand.
10. **Um** acht Uhr schließt der Zoo, dann müssen wir **nach** Hause gehen.
11. Ich freue mich schon **auf** unseren nächsten Besuch.
12. Vielleicht werden wir **am** Sonntag wieder kommen.
13. Ich werde **mit** meiner Schulklasse **am** Schulschluss herkommen.
14. Dann werden wir auch **in** das Palmenhaus gehen.
15. Dort werden wir dann **im** tropischen Klima schwitzen.
16. Auch ein Besuch **im** Aquarienhaus wäre interessant.
17. Wir könnten die gefährlichsten Meeresbewohner **durch** eine Glasscheibe beobachten.
18. Aber wir sollten uns doch **für** eine Sache entscheiden.
19. Der Zoobesuch sollte **ohne** Stress und Hektik ablaufen.
20. Man muss genügend Zeit haben, um einen Besuch **im** Tiergarten genießen zu können.

67

1.	Der Satz besteht aus vier Satzgliedern.
2. und 3.	Hans / **isst** / in der Pause / einen roten Apfel. (1 / 1 / 3 / 3 Wörter)
	In der Pause / **isst** / Hans / einen roten Apfel. (3 / 1 / 1 / 3 Wörter)
	Einen roten Apfel / **isst** / Hans / in der Pause. (3 / 1 / 1 / 3 Wörter)
	Hans / **isst** / einen roten Apfel / in der Pause. (1 / 1 / 3 / 3 Wörter)
4.	Du kannst vier Satzmöglichkeiten bilden.

---

68 Das Prädikat „isst“ steht in jedem Satz an 2. Stelle.

69

1. Brigitte / **schneidet** / Äpfel / für ein Apfelkompott.
   Brigitte / **schneidet** / für ein Apfelkompott / Äpfel.
   Äpfel / **schneidet** / Brigitte / für ein Apfelkompott.
   Für ein Apfelkompott / **schneidet** / Brigitte / Äpfel.

2. Apfelsaft / **mische** / ich / mit Mineralwasser.
   Mit Mineralwasser / **mische** / ich / Apfelsaft.
   Ich / **mische** / Apfelsaft / mit Mineralwasser.
3. Die Mutter / **füllte** / das heiße Apfelmus / in die Gläser.
   Das heiße Apfelmus / **füllte** / die Mutter / in die Gläser.
   In die Gläser / **füllte** / die Mutter / das heiße Apfelmus.
   Die Mutter / **füllte** / in die Gläser / das heiße Apfelmus.
4. Im Chinarestaurant / **bestellt** / mein Bruder / gebackene Apfelscheiben.
   Mein Bruder / **bestellt** / im Chinarestaurant / gebackene Apfelscheiben.
   Gebackene Apfelscheiben / **bestellt** / mein Bruder / im Chinarestaurant.
   Mein Bruder / **bestellt** / gebackene Apfelscheiben / im Chinarestaurant.
5. Diesen Salat / **übergoss** / ich / mit Apfelessig.
   Mit Apfelessig / **übergoss** / ich / diesen Salat.
   Ich / **übergoss** / diesen Salat / mit Apfelessig.

---

70 Die Sätze bestehen jeweils aus vier Satzgliedern. Es gibt meist vier Satzmöglichkeiten.

71
1. Was wird ausgesagt? Was tut Brigitte? Brigitte **schneidet** ...
2. Was wird ausgesagt? Was tue ich? Ich **mische** ...
3. Was wird ausgesagt? Was tat die Mutter? Die Mutter **füllte** ...
4. Was wird ausgesagt? Was tut mein Bruder? Mein Bruder **bestellt** ...
5. Was wird ausgesagt? Was tat ich? Ich **übergoss** ...

---

72 + 73
1. Großmutter I schneidet I einen Apfel.
   ODER: Einen Apfel I schneidet I Großmutter. (Präsens)
   Großmutter I schnitt I einen Apfel.
   ODER: Einen Apfel I schnitt I Großmutter. (Präteritum)
2. Die Kinder I essen I einen Bratapfel. (Präsens)
   Die Kinder I aßen I einen Bratapfel. (Präteritum)
3. Meiner Familie I schmeckt I naturtrüber Apfelsaft.
   ODER: Naturtrüber Apfelsaft Ischmeckt I meiner Familie. (Präsens)
   Meiner Familie I schmeckte I naturtrüber Apfelsaft.
   ODER: Naturtrüber Apfelsaft I schmeckte I meiner Familie. (Präteritum)

---

74 Das Prädikat ist zweiteilig, weil das Verb einen Verbzusatz hat.
1. Der Gemüsehändler lagert Äpfel ein. (einlagern)
2. Der Gärtner setzt Obstbäume ein. (einsetzen)
3. Mutter schält die Äpfel ab. (abschälen)
4. Die Marktfrau wiegt das Obst ab. (abwiegen)
5. Der Wirt schenkt den Apfelsaft ein. (einschenken)

---

75 Aufgrund der Verschiebeprobe sind mehrere Satzmöglichkeiten richtig.
1. Großmutter hat einen Apfel geschnitten.
   ODER: Einen Apfel hat Großmutter geschnitten. (Perfekt)
   Großmutter hatte einen Apfel geschnitten.
   ODER: Einen Apfel hatte Großmutter geschnitten. (Plusquamperfekt)

Großmutter wird einen Apfel schneiden.
ODER: Einen Apfel wird Großmutter schneiden. (Futur)

2. Die Kinder haben die Bratäpfel gegessen.
   ODER: Die Bratäpfel haben die Kinder gegessen. (Perfekt)
   Die Kinder hatten die Bratäpfel gegessen.
   ODER: Die Bratäpfel hatten die Kinder gegessen. (Plusquamperfekt)
   Die Kinder werden die Bratäpfel essen.
   ODER: Die Bratäpfel werden die Kinder essen. (Futur)
3. Meiner Familie hat naturtrüber Apfelsaft geschmeckt.
   ODER: Naturtrüber Apfelsaft hat meiner Familie geschmeckt. (Perfekt)
   Meiner Familie hatte naturtrüber Apfelsaft geschmeckt.
   ODER: Naturtrüber Apfelsaft hatte meiner Familie geschmeckt. (Plusquamperfekt)
   Meiner Familie wird naturtrüber Apfelsaft schmecken.
   ODER: Naturtrüber Apfelsaft wird meiner Familie schmecken. (Futur)

76

1. Der Apfel **ist** vom Baum **gefallen**. (Hilfsverb / **Perfekt**)
2. Opa **hat** immer gerne seinen Apfelschalentee **getrunken**. (Hilfsverb / **Perfekt**)
3. Unsere Nachbarn **hatten** den alten Apfelbaum **umgeschnitten**. (Hilfsverb / **Plusquamperfekt**)
4. Der Gärtner **kehrt / kehrte** das Laub der Apfelbäume zusammen. (Verb / **Präsens / Präteritum**)
5. Oma **legt / legte** die Apfelringe zum Trocknen auf. (Verb / **Präsens / Präteritum**)
6. Thomas **isst /aß** den ganzen Apfelkuchen auf. (Verb / **Präsens / Präteritum**)
7. Meine Schwester **setzt / setzte** den Apfelkern in die Erde ein. (Verb / **Präsens / Präteritum**)
8. Die Apfelernte **wird** dieses Jahr gut **ausfallen**. (Hilfsverb / **Futur**)
9. Wir **werden** uns viele Äpfel **einlagern**. (Hilfsverb / **Futur**)

77

1. Äpfel | haben | sehr viele Vitamine. (Präsens)
   Haben Äpfel sehr viele Vitamine?
2. Besonders | die Apfelschale | enthält | viel Vitamin C. (Präsens)
   Enthält besonders die Apfelschale viel Vitamin C?
3. Im Winter | gehört | der Apfel | zu den beliebtesten Vitaminquellen. (Präsens)
   Gehört der Apfel im Winter zu den beliebtesten Vitaminquellen?
4. Im Spätsommer | lagert | man | Äpfel | für den Winter | ein. (Präsens, Verbzusatz)
   Lagert man im Spätsommer Äpfel für den Winter ein?
5. Schon | unsere Vorfahren | kannten | verschiedene Apfelsorten. (Präteritum)
   Kannten schon unsere Vorfahren verschiedene Apfelsorten?
6. Bereits | im Mittelalter | hat | man | Apfelbäume | in den Klostergärten | gepflanzt. (Perfekt)
   Hat man bereits im Mittelalter Apfelbäume in den Klostergärten gepflanzt?
7. Bei Verdauungsproblemen | wird | der Arzt | das tägliche Essen eines Apfels | empfehlen. (Futur)
   Wird der Arzt bei Verdauungsproblemen das tägliche Essen eines Apfels empfehlen?

8. Durch das Pressen von Äpfeln I entsteht I Apfelsaft. (Präsens)
   Entsteht durch das Pressen von Äpfeln Apfelsaft?
9. Dieser alkoholfreie Saft I gehört I zu den beliebtesten Erfrischungsgetränken der Kinder. (Präsens)
   Gehört dieser alkoholfreie Saft zu den beliebtesten Erfrischungsgetränken der Kinder?
10. Viele Erwachsene I haben I schon einmal I Apfelmost I getrunken. (Perfekt)
    Haben viele Erwachsene schon einmal Apfelmost getrunken?
11. Berühmtheit I erlangte I die österreichische Küche I durch den Apfelstrudel. (Präteritum)
    Erlangte die österreichische Küche durch den Apfelstrudel Berühmtheit?
12. Die Kinder I lieben I im Winter I besonders I die duftenden Bratäpfel. (Präsens)
    Lieben die Kinder im Winter besonders die duftenden Bratäpfel?

Du hast die ursprünglichen Aussagesätze in Fragesätze verwandelt.

78

1. Brigitte / schneidet / Äpfel / für ein Apfelkompott. WER oder WAS schneidet?
2. Apfelsaft / mische / ich / mit Mineralwasser. WER oder WAS mischt?
3. Die Mutter / füllte / das heiße Apfelmus / in Gläser. WER oder WAS füllte?
4. Im Chinarestaurant / bestellt / mein Bruder / gebackene Apfelscheiben. WER oder WAS bestellt?
5. Diesen Salat / übergoss / ich / mit Apfelessig. WER oder WAS übergoss?
6. Das Häschen / knabbert / an einem Apfelstück. WER oder WAS knabbert?
7. Die faulen Äpfel / liegen / in der Biotonne. WER oder WAS liegt?
8. Sie / kaufen / nur ungespritzte Äpfel / vom Markt. WER oder WAS kauft?
9. Wir / bestreuen / den Bratapfel / mit Zucker und Zimt. WER oder WAS bestreut?
10. Meine Schwester / liebt / gedörrte Apfelringe. WER oder WAS liebt?

---

79 + 80

1. Am liebsten **esse** ich Bananen. (1. Person, Singular)
2. Auch Affen **lieben** diese Früchte. (3. Person, Plural)
3. Meine Schwester **lacht** mich deswegen immer aus. (3. Person, Singular)
4. Sie **nagt** gerne Karotten. (3. Person, Singular)
5. Hasen **machen** das auch. (3. Person, Plural)
6. Ich **nenne** sie deswegen Hase. (1. Person, Singular)
7. Mein Bruder und meine kleine Schwester **knabbern** mit Vergnügen Erdnüsse. (Mein Bruder und meine kleine Schwester = sie, 3. Person, Plural)
8. Auch Eichkätzchen **knacken** diese Nüsse gern. (3. Person, Plural)
9. Mein Vater und meine Mutter **freuen** sich über ihre „tierischen" Kinder. (Mein Vater und meine Mutter = sie, 3. Person, Plural)

---

81 Die Sätze stehen im Präsens.

1. In der Schule haben die Schüler und Schülerinnen Kochen.
2. Die Hauswirtschaftslehrerin gibt uns gute Kochtipps.
3. Ich bereite mit meiner Freundin die Nachspeise zu.
4. Gerhard und Thomas braten den Fisch.
5. Die Schüler gehen gerne in den Kochunterricht.

6. Das zubereitete Essen schmeckt ihnen.
7. Die Schüler erledigen rasch den Abwasch.
8. Das große Geschirr legen sie zum Trocknen auf die Abtropftasse.
9. Essgeschirr schlichtet die Kochgruppe in den Geschirrspüler.
10. Zum Schluss blitzt die Küche vor Sauberkeit.

---

82 **Präteritum:** Das Verb steht in Personalform.

1. In der Schule hatten die Schüler und Schülerinnen Kochen.
2. Die Hauswirtschaftslehrerin gab uns gute Kochtipps.
3. Ich bereitete mit meiner Freundin die Nachspeise zu.
4. Gerhard und Thomas brieten den Fisch.
5. Die Schüler gingen gerne in den Kochunterricht.
6. Das zubereitete Essen schmeckte ihnen.
7. Die Schüler erledigten rasch den Abwasch.
8. Das große Geschirr legten sie zum Trocknen auf die Abtropftasse.
9. Essgeschirr schlichtete die Kochgruppe in den Geschirrspüler.
10. Zum Schluss blitzte die Küche vor Sauberkeit.

Perfekt: Das Hilfsverb steht in Personalform.

1. In der Schule haben die Schüler und Schülerinnen Kochen gehabt.
2. Die Hauswirtschaftslehrerin hat uns gute Kochtipps gegeben.
3. Ich habe mit meiner Freundin die Nachspeise zubereitet.
4. Gerhard und Thomas haben den Fisch gebraten.
5. Die Schüler sind gerne in den Kochunterricht gegangen.
6. Das zubereitete Essen hat ihnen geschmeckt.
7. Die Schüler haben rasch den Abwasch erledigt.
8. Das große Geschirr haben sie zum Trocknen auf die Abtropftasse gelegt.
9. Essgeschirr hat die Kochgruppe in den Geschirrspüler geschlichtet.
10. Zum Schluss hat die Küche vor Sauberkeit geblitzt.

Plusquamperfekt: Das Hilfsverb steht in Personalform.

1. In der Schule hatten die Schüler und Schülerinnen Kochen gehabt.
2. Die Hauswirtschaftslehrerin hatte uns gute Kochtipps gegeben.
3. Ich hatte mit meiner Freundin die Nachspeise zubereitet.
4. Gerhard und Thomas hatten den Fisch gebraten.
5. Die Schüler waren gerne in den Kochunterricht gegangen.
6. Das zubereitete Essen hatte ihnen geschmeckt.
7. Die Schüler hatten rasch den Abwasch erledigt.
8. Das große Geschirr hatten sie zum Trocknen auf die Abtropftasse gelegt.
9. Essgeschirr hatte die Kochgruppe in den Geschirrspüler geschlichtet.
10. Zum Schluss hatte die Küche vor Sauberkeit geblitzt.

Futur: Das Hilfsverb steht in Personalform.

1. In der Schule werden die Schüler und Schülerinnen Kochen haben.
2. Die Hauswirtschaftslehrerin wird uns gute Kochtipps geben.
3. Ich werde mit meiner Freundin die Nachspeise zubereiten.
4. Gerhard und Thomas werden den Fisch braten.
5. Die Schüler werden gerne in den Kochunterricht gehen.
6. Das zubereitete Essen wird ihnen schmecken.

7. Die Schüler werden rasch den Abwasch erledigen.
8. Das große Geschirr werden sie zum Trocknen auf die Abtropftasse legen.
9. Essgeschirr wird die Kochgruppe in den Geschirrspüler schlichten.
10. Zum Schluss wird die Küche vor Sauberkeit blitzen.

83

1. In der Schule haben sie Kochen.
2. Sie gibt uns gute Kochtipps.
3. Ich bereite mit meiner Freundin die Nachspeise zu. (Satz bleibt gleich.)
4. Sie braten den Fisch.
5. Sie gehen gerne in den Kochunterricht.
6. Es schmeckt ihnen.
7. Sie erledigen rasch den Abwasch.
8. Das große Geschirr legen sie zum Trocknen auf die Abtropftasse.
9. Essgeschirr schlichtet sie in den Geschirrspüler.
10. Zum Schluss blitzt sie vor Sauberkeit.

84

ich brate / rühre / koche – 1. Singular
du brätst / rührst / kochst – 2. Singular
er, sie, es brät / rührt / kocht – 3. Singular
wir braten / rühren / kochen – 1. Plural
ihr bratet / rührt / kocht – 2. Plural
sie braten / rühren / kochen – 3. Plural

85

Der Fernsehkoch kocht. Die Mutter kocht. Unsere Klasse kocht. Meine Schwester kocht mit ihrem Freund. Die Suppe kocht am Herd. Meine Freundin Sabine kocht für ihre Mutter zum Muttertag ein Nudelgericht. Die Milch kocht über.

Einige Sätze sind nicht möglich, weil das Subjekt in Person und Zahl mit dem Prädikat kocht nicht übereinstimmt.
Du **kochst**. Mein Bruder und ich **kochen**. Gerhard und Thomas **kochen**. Mein Bruder und ich **kochen** heute einen Vanillepudding. Ich **koche** vor Wut.

86

Es fehlen die **Ergänzungen**.

87

1. Wir haben einen großen Tisch reserviert.
   WEN oder WAS haben wir reserviert? O4
2. Der Kellner bringt uns die Karte.
   WEM bringt der Kellner die Karte? O3, WEN oder WAS bringt der Kellner? O4
3. Meine kleine Schwester liest mir das Kindermenü vor.
   WEM liest meine kleine Schwester das Kindermenü vor? O3
   WEN oder WAS liest meine kleine Schwester vor? O4
4. Die Kellnerin bringt den Kindern Cola und den Erwachsenen Bier.
   WEM bringt die Kellnerin Cola und Bier? (den Kindern und Erwachsenen) O3
   WEN oder WAS bringt die Kellnerin? (Cola und Bier) O4
5. Wir bestellen unsere Lieblingsspeisen. WEN oder WAS bestellen wir? O4
6. Die Eltern wählen den Grillteller für zwei Personen.
   WEN oder WAS wählen die Eltern? O4
7. Die Kellnerin bringt ihnen Kaffee.
   WEM bringt die Kellnerin Kaffee? O3
   WEN oder WAS bringt die Kellnerin? O4

8. Die Kinder holen sich ein Eis. WEN oder WAS holen sich die Kinder? O4
9. Der Kellner bringt uns die Rechnung.
   WEM bringt der Kellner die Rechnung? O3
   WEN oder WAS bringt uns der Kellner? O4

---

88 Das **Dativ-Objekt** ist hier immer eine **Personenergänzung**:
2. uns (Pronomen), 3. mir (Pronomen), 4. den Kindern, den Erwachsenen (Nomen), 7. ihnen (Pronomen), 9. uns (Pronomen)

Das **Akkusativ-Objekt** ist hier immer eine **Sachergänzung**.
1. einen großen Tisch (Nomen), 2. die Karte (Nomen), 3. das Kindermenü (Nomen), 4. Cola und Bier (Nomen), 5. unsere Lieblingsspeisen (Nomen), 6. den Grillteller für zwei Personen (Nomen), 7. Kaffee (Nomen), 8. ein Eis (Nomen), 9. die Rechnung (Nomen)

89

1. Der Hoteldirektor begrüßt den Gast. (O4/mich/ihn)
2. Im Restaurant bestellt sie immer einen Apfelsaft. (O4/diesen/mich)
3. Das Essen gehört dem dicken Mann. (O3/mir/ihm)
4. Tante Anni hatte ihren Freundeskreis zu dem Fest eingeladen. (O4/mich)
5. Wir gratulierten dem Onkel sehr herzlich. (O3/ihm/mir)
6. Ich musste ein Gedicht vortragen. (O4/es/mich)
7. Ohne Fehler konnte ich den Vortrag beenden. (O4/diesen/mich)
8. Die Gäste verzehren den Käse mit Genuss. (O4/diesen/mich)
9. Die Geschenke bereiteten dem Geburtstagskind Freude. (O3/mir/ihm)
10. Die Feier gefiel dem Vater ganz besonders gut. (O3/mir/ihm)

90

1. Dazu serviert er de**m** hungrige**n** Gast eine**n** Salatteller.
   WEM? ... dem hungrigen Gast / mir O3
   WEN oder WAS? ... einen Salatteller / diesen / mich O4
2. Eine**n** überbackene**n** Käseauflauf bietet er alle**n** Vegetariern an.
   WEN oder WAS? ... einen überbackenen Käseauflauf / diesen / mich O4
   WEM? ... allen Vegetariern / mir / ihm O3
3. Der Küchenjunge wäscht de**n** grüne**n** Salat und schneidet de**n** rote**n** Paprika.
   WEN oder WAS? ... den grünen Salat und den roten Paprika / diesen / mich O4
4. Das Abwaschen und das Abtrocknen machen keine**m** Küchenhelfer Spaß.
   WEM? ... keinem Küchenhelfer / mir O3
5. Die Speisen werden de**m** erste**n** Koch zum Kosten gebracht.
   WEM? ... dem ersten Koch / mir O3
6. Jeder Gast gibt de**m** Oberkellner seine**n** Wunsch bekannt.
   WEM? ... dem Oberkellner / mir / ihm O3
   WEN oder WAS? ... seinen Wunsch / ihn/ mich O4
7. Die Kellnerin bringt jede**m** Gast eine**n** große**n** Salatteller.
   WEM? ... jedem Gast / mir O3
   WEN oder WAS? ... einen großen Salatteller / diesen / mich O4

8. Das Essen schmeckt de**n** groß**en** und klein**en** Gästen.
   WEM? ... den großen und kleinen Gästen / mir O3
9. Die Gäste geben de**m** nette**n** Kellner Trinkgeld.
   WEM? ... dem netten Kellner / mir O3

---

91 Im Schlaraffenland (Wo? Ortsangabe) spenden (P) die Brunnen (S) Soda-Himbeer oder Cola (O4). Auf den Bäumen (Wo? Ortsangabe) wachsen (P) knusprige Salzstangerl und Semmeln (S). Die gebratenen Gänse und Hühner (S) fliegen (P) den Hungrigen (O3) direkt in den Mund (Wohin? Ortsangabe). Die frisch gebratenen Spanferkel (S) laufen (P) den Leuten (O3) entgegen (P Verbzusatz). Auf den Sträuchern (Wo? Ortsangabe) sprießen (P) die köstlichsten Mehlspeisen und Süßigkeiten (S). Die Büsche (S) verneigen sich (P) vor dir (Vorwortergänzung). Sie (S) strecken (P) dem Besucher (O3) Becher mit Kakao und Kaffee (O4) entgegen (P Verbzusatz). Die Kinder (S) fischen (P) Eiskugeln und Eisschlecker (O4) aus kleinen Bächen (Vorwortergänzung). Wiesenblumen (S) strecken (P) den Kleinen (O3) ihre Zuckerlblüten (O4) entgegen (P Verbzusatz). Bunte Zuckerstangen, fruchtige Puddings und cremige Torten (S) liegen (P) am Wegesrand (Wo? Ortsangabe). Hungrige Spaziergänger (S) nehmen (P) sie (O4) mit (P Verbzusatz). Du (S) musst (P Modalverb) diese Köstlichkeiten (O4) nicht (Verneinung) bezahlen (P) und (Bindewort) sie (S) machen (P) nicht (Verneinung) dick (Umstandsergänzung). Du (S) fragst (P), wo das Schlaraffenland liegt (Was? Objektsatz)? Niemand (S) weiß (P) das (O4). Das ganze Land (S) soll (P Modalverb) von einer berghohen Mauer aus Reisbrei (Vorwortergänzung) umgeben sein (P). Wer (S) hineinkommen will (P), der (S) muss sich (P Hilfsverb) durch dieses süße Riesengebirge (Vorwortergänzung) durchessen (P).

92
1. Der Bäcker verkauft mir ein knuspriges Salzstangerl. Was für ein Salzstangerl?
2. Er isst meine leckere Pizza auf. Was für eine Pizza?
3. Meine Freundin bäckt mir eine riesige Geburtstagstorte. Was für eine Geburtstagstorte?
4. Mein Hund verspeist eine große Knackwurst. Was für eine Knackwurst?
5. Er bekommt einen Geschenkkorb mit Weinflaschen. Was für einen Geschenkkorb?
6. Ein Kuchen mit Kirschen schmeckt mir besonders gut. Was für ein Kuchen?
7. Der Ober bringt eine Platte mit Käse. Was für eine Platte?
8. Die Kinder freuen sich auf die köstliche Eistorte. Was für eine Eistorte?
9. Die Erwachsenen bestellen sich Kaffee mit Schlagobers. Was für einen Kaffee?
10. Mein Großvater möchte einen kleinen Apfel. Was für einen Apfel?

---

93 Gestern versuchte ich mich als tüchtige Köchin. Ich wollte einen köstlichen Marillenkuchen backen und die gesamte Familie überraschen.
Ich entkernte die saftigen Marillen und knetete die leckeren Zutaten zu einem festen Teig. Dann belegte ich den ausgewalkten Teig mit den halbierten Marillen. Ich schob das große Backblech in das heiße Backrohr und wartete geduldig, bis die laute Küchenuhr rasselte.

Neugierig schnitt ich den warmen Kuchen an. Die zähe Kuchenmasse klebte am scharfen Messer. Was hatte ich falsch gemacht?
Beim ersten Bissen wusste ich es. Ich hatte die große Zuckerdose mit der Salzdose verwechselt und steinharten Salzteig hergestellt.
Damit kann ich meiner lieben Familie sicherlich nicht das Leben versüßen.

94

1. Wann bringt er endlich das Essen? **Fragesatz**
2. Er kocht gerne Süßspeisen. **Aussagesatz**
3. Warum isst du keinen Käse? **Fragesatz**
4. Darf ich dir noch Wein nachschenken? **Fragesatz**
5. Nimm dir doch noch ein Stück! **Aufforderungssatz**
6. Der Großvater darf keinen Zucker zu sich nehmen. **Aussagesatz**
7. Wo findet die Hochzeitstafel statt? **Fragesatz**
8. Gibst du mir auch die Adresse von diesem Restaurant? **Fragesatz**
9. Am Abend isst er nichts mehr. **Aussagesatz**
10. Darf ich schon den Nachtisch servieren? **Fragesatz**

---

95 **Die Fragen können mit JA oder NEIN beantwortet werden. Entscheidungsfragen**

1. Überraschte sie ihre Eltern mit einer Einladung in ein teures Restaurant?
2. Bestellten sie dort ein fünfgängiges Menü?
3. Mussten sie sehr lange darauf warten?
4. Verließen sie hungrig das Lokal?
5. Plünderte Vater zu Hause den Kühlschrank?
6. War das eine gelungene Überraschung?

---

96 Die Fragen 1 – 3 können nicht mit JA / NEIN beantwortet werden.
Die Antworten müssen bei diesen Fragen ausführlicher ausfallen. Ergänzungsfragen

---

97

1. „Ich möchte dich zu meiner Überraschungsparty einladen“, sagt Georg zu Markus.
2. Markus freut sich darüber und antwortet: „Super! Ich komme gerne!“
3. „Am Samstag um acht Uhr beginnt die Feier!“, ruft ihm Georg zu. „Du kannst aber schon früher kommen!“
4. „Ich komme schon um sieben“, meint Markus, „und bringe meine neuen CDs mit.“
5. „Das ist gut!“, antwortet Georg. „Wir könnten dann auch meine Stereoanlage aufbauen.“
6. „Wer kommt denn noch?“, fragt Markus.
7. „Na, so 20 Leute aus unserer Klasse“, erzählt Georg, „und manche nehmen noch jemanden mit.“
8. „Was sagen denn da deine Eltern dazu?“, fragt Markus erstaunt.
9. „Die wissen noch nichts davon“, erwidert Georg, „das ist ja die Überraschung.“

---

98 Die drei Söhne (Nach Leo Tolstoi)
Drei Frauen wollten Wasser holen vom Brunnen. Nicht weit davon saß ein alter Mann auf einer Bank und hörte zu, wie die Frauen ihre Söhne lobten.
„Mein Sohn“, sagte die erste, „ist so geschickt, dass er alle in den Schatten stellt!“

„Mein Sohn“, sagte die zweite, „singt so schön wie eine Nachtigall! Es gibt keinen, der eine so schöne Stimme hat wie er.“ „Und warum lobst du deinen Sohn nicht?“, fragten sie die dritte, als diese schwieg.
„Ich habe nichts, wofür ich ihn loben könnte“, entgegnete sie. „Mein Sohn ist ein ganz gewöhnlicher Junge. Er hat nichts Besonderes weder an sich noch in sich.“
Die drei Frauen füllten ihre Eimer und gingen heim. Der alte Mann ging langsam hinter ihnen her. Die Eimer waren schwer und die abgearbeiteten Hände sehr schwach. Die Frauen machten eine Ruhepause, denn der Rücken tat ihnen weh.
Da kamen ihnen drei Buben entgegen. Der erste stellte sich auf die Hände und schlug Rad um Rad – und die Frauen riefen: „Welch ein geschickter Junge!“
Der zweite sang so herrlich wie eine Nachtigall und die Frauen lauschten aufmerksam. Der dritte Knabe lief zu seiner Mutter, hob die schweren Eimer auf und trug sie heim.
Da fragten die Frauen den Alten: „Was sagst du zu unseren Söhnen?“
„Wo sind eure Söhne?“, fragte der alte Mann verwundert. „Ich sehe nur einen einzigen Sohn!“

99

Latein	**Deutsch**	**Latein**	**Deutsch**
Präteritum	Mitvergangenheit	Verb	Zeitwort
Futur	Zukunft	Adjektiv	Eigenschaftswort
Präposition	Vorwort	Genitiv	2. Fall
Nomen	Hauptwort, Namenwort	Possessivpronomen	Besitzanzeigendes Fürwort
Akkusativ	4. Fall	Objekt	Ergänzung
Präsens	Gegenwart	Nominativ	1. Fall
Dativ	3. Fall	Personalpronomen	Persönliches Fürwort
Plusquamperfekt	Vorvergangenheit	Attribut	Beifügung

100 sie sind gelaufen – 3. Pers. Pl. Perfekt
er legte auf – 3. Pers. Sg. Präteritum
du wirst graben – 2. Pers. Sg. Futur
ihr nehmt teil – 2. Pers. Pl. Präsens
sie hatte genommen – 3. Pers. Sg. Plusquamperfekt
sie hungerten – 3. Pers. Pl. Präteritum
wir haben gehofft – 1. Pers. Pl. Perfekt
ich bin gelegen – 1. Pers. Sg. Perfekt
er saß – 3. Pers. Sg. Präteritum
es wird fressen – 3. Pers. Sg. Futur
sie hat gewonnen – 3. Pers. Sg. Perfekt
ihr habt gestohlen – 2. Pers. Pl. Futur
wir tanzen – 1. Pers. Pl. Präsens
du bist gekommen – 2. Pers. Sg. Perfekt
sie passen auf – 3. Pers. Pl. Präsens
ich war gegangen – 1. Pers. Sg. Plusquamperfekt

101
1. Dem glücklichen Gewinner (O3) | gehört (P) | ein tolles Auto (S).
2. Mein Vater (S) | hat (P) | ihr (O3) | die gute Nachricht (O4) | erzählt (P).
3. Die Gärtnerin (S) | stellte (P) | einen schönen Geburtstagsstrauß (O4) | zusammen (P).
4. Ein neues Handy (O4) | schenkt (P) | mir (O3) | mein Bruder (S) | zu meinem Geburtstag (Wann? Zeitergänzung).
5. Ich (S) | lade (P) | alle meine Freunde (O4) | ein (P).
6. Die Mutter (S) | schneidet (P) | den Geburtstagskuchen (O4) | an (P).
7. Einen neuen Tennisschläger (O4) | schenkt (P) | mir (O3) | mein Bruder (S).
8. Anna (S) | wird (P) | ihrem Vater (O3) | das Handy (O4) | borgen (P).
9. Dem Baby (O3) | gibt (P) | die Mutter (S) | die Flasche (O4).
10. Tante Anna (S) | hat (P) | ihr (O3) | einen riesigen Blumenstrauß (O4) | überreicht (P).
11. Ich (S) | habe (P) | meine neue Füllfeder (O4) | verloren (P).

---

102 **Verben** = fett gedruckt, *Personal- und Possessivpronomen* = schräg gestellt, Adjektive = unterstrichen

In einem riesigen Schiff **sitzt** eine winzige Schraube mit vielen anderen ebenso kleinen Schrauben und **hält** zwei große Stahlplatten **zusammen (= zusammenhalten)**. Diese kleine Schraube **fängt** während der Fahrt durch den Ozean plötzlich **an (= anfangen)**, *es* sich bequem zu **machen** und locker zu **werden** und **droht** nun **herauszufallen (= herausfallen)**. Da **sagen** die nächsten Schrauben zu *ihr:* „Wenn *du* **herausfällst**, dann **gehen** *wir* auch.“ Und die langen Nägel unten am Schiffskörper **protestieren**: „*Uns* **wird** (Hilfsverb) *es* auch zu eng, *wir* **lockern** uns auch ein wenig.“ Als die großen Eisenträger das **hören**, **schlagen** *sie* heftigen Alarm: „Um Gottes willen, **haltet** diese Platten **zusammen (= zusammenhalten)**, denn wenn *ihr* **geht**, dann **ist** *es* um *uns* **geschehen**!“ Blitzschnell **verbreitet** sich das Gerücht vom gefährlichen Vorhaben der kleinen Schraube durch den riesigen Körper des großen Schiffes. *Es* **ächzt** und **bebt** in allen Fugen. Da **beschließen** sämtliche Rippen und Platten und Schrauben und auch die kleinsten Nägel, eine wichtige Botschaft an die kleine Schraube zu **senden**: *Sie* **möge (Modalverb)** doch **bleiben**, denn sonst **wird** das riesige Schiff **auseinanderbrechen** und niemand **wird** den Hafen **erreichen**. Das **schmeichelt** dem Stolz der winzig kleinen Schraube, dass *sie* solch wichtige Bedeutung für das riesige Schiff **hat**. Daraufhin **erklärt** *sie ihren* Freunden, dass *sie* weiter an *ihrem* gewohnten Platz **bleiben werde**.

---

103 Es (S) gab (P) in einem riesigen Schiff (Wo? Ortsergänzung) eine ganz kleine Schraube (O4).
Sie (S) verband (P) zwei große Stahlplatten (O4).
Die Schraube (S) lockerte sich (P).
Das Schiff (S) ächzte und bebte (P) in allen Fugen (Wo? Ortsergänzung).
Die Teile (S) sandten (P) der kleinen Schraube (O3) eine gemeinsame Botschaft (O4).
Keiner (S) erreicht (P) die Heimat (O4).
Das (S) schmeichelte (P) dem Stolz der kleinen Schraube (O3).

104 Die Krähe und der Wasserkrug

Im Sommer (Wann? Zeitangabe) flog (P) eine durstige Krähe (S) über das Land (Wo? Ortsangabe).

Am Abend (Wann? Zeitangabe) entdeckte (P) die erschöpfte Krähe (S) einen Krug mit Wasser (O4).

Sie (S) flatterte hin (P). Sie (S) steckte (P) ihren langen Schnabel (O4) in den Krug (Wohin? Ortsangabe).

Der Wasserkrug (S) war halb voll (P). Sie (S) erreichte (P) das Wasser (O4) nicht (Verneinung).

Sie (S) schlug (P) gegen den schweren Tonkrug (Wogegen? Vorwortergänzung).

Er (S) fiel (P) nicht (Verneinung) um (P).

Der niedergeschlagene Vogel (S) blieb (P) neben dem Krug (Wo? Ortsangabe) sitzen (P). Er (S) dachte nach (P).

Die Krähe (S) sah (P) einen Steinhaufen (O4). Sie (S) pickte (P) die Kieselsteine (O4) auf (P). Der kluge Vogel (S) warf (P) sie (O4) in den Krug (Wohin? Ortsangabe) hinein (P). Das Wasser (S) erreichte (P) den Krugrand (O4).

Die einfallsreiche Krähe (S) stillte (P) ihren Durst (O4).

105

Adjektiv oder als Adjektiv verwendet	**Form**	**Adjektiv oder als Adjektiv verwendet**	**Form**
durstige	Positiv	schweren	Positiv
erschöpfte (2. Partizip)	Positiv	niedergeschlagene	(2. Partizip) Positiv
langen	Positiv	kluge	Positiv
voll	Positiv	einfallsreiche	Positiv

106

Satz	**Wortart?**	**Satz**	**Wortart**
Mein	Possessivpronomen (besitzanzeigendes Fürwort)	Er	Personalpronomen (persönliches Fürwort)
Großvater	Nomen (Namenwort)	hatte	Hilfsverb (Hilfszeitwort)
schenkte	Verb (Zeitwort)	seinem	Possessivpronomen (besitzanzeigendes Fürwort)
mir	Personalpronomen (persönliches Fürwort)	besten	Adjektiv (Eigenschaftswort) 3. Steigerungsstufe
zum	Präposition (Vorwort)	Freund	Nomen (Namenwort)
Geburtstag	Nomen	das	bestimmter Artikel (Begleiter)
ein	unbestimmter Artikel (Begleiter)	neue	Adjektiv (Eigenschaftswort)
tolles	Adjektiv (Eigenschaftswort)	Skateboard	Nomen (Namenwort)
Fahrrad.	Nomen	geborgt.	Verb (Zeitwort)

---

107 Mein Großvater (S) schenkte (P) mir (O3) zum Geburtstag (Zeitangabe) ein tolles Fahrrad (O4).

Er (S) hatte (P) seinem besten Freund (O3) das neue Skateboard (O4) geborgt (P).

108
1. Die Wörter **hast, bist, wirst** sind Hilfsverben. **richtig**
2. Nach dem Dativ fragst du mit WEN? **falsch**
   Richtig: Nach dem Dativ fragst du mit WEM?
3. Das **Partizip** nennt man auch **Mittelwort. richtig**
4. Attribute sind Ergänzungen. **falsch**
   Richtig: Attribute sind Beifügungen.
5. Nach dem Nominativ fragst du mit WELCHE? **falsch**
   Richtig: Nach dem Nominativ fragst du mit WER oder WAS?
6. **Der, die, das** sind Artikel. **richtig**
7. Die Wörter **auf, in, um** sind **Präpositionen. richtig**
8. **Perfekt, Plusquamperfekt** und **Futur** sind mehrteilige Zeitformen. **richtig**
9. Zum **Infinitiv** kann man auch **Nennform** sagen. **richtig**
10. Es gibt **stark** und **schwach** gebeugte **Verben. richtig**
11. Nach dem Akkusativ fragst du mit WER oder WAS? **falsch**
    Richtig: Nach dem Akkusativ fragst du mit WEN oder WAS?
12. Das Adjektiv nennt man auch Zeitwort. **falsch**
    Richtig: Das Adjektiv nennt man auch Eigenschaftswort.
13. Der Superlativ ist die 2. Steigerungsstufe. **falsch**
    Richtig: Der Superlativ ist die 3. Steigerungsstufe.
14. **Er, sie, wir, ich** sind **persönliche Fürwörter. richtig**
15. Ein ist ein bestimmter Artikel. **falsch**
    Richtig: Ein ist ein unbestimmter Artikel.
16. Das **Subjekt** steht immer im **1. Fall. richtig**
17. Im **Aussagesatz** steht das **Prädikat an 2. Satzgliedstelle. richtig**
18. Präsens und Präteritum sind einteilige Zeitformen. **richtig**
19. Zur Probe kannst du für **„das"** die Ersatzwörter **„dieses"** oder **„welches"** nehmen. **richtig**
20. Das Verb nennt man auch Eigenschaftswort. **falsch**
    Richtig: Das Verb nennt man auch Zeitwort.
21. Das Possessivpronomen nennt man auch persönliches Fürwort. **falsch**
    Richtig: Das Possessivpronomen nennt man auch besitzanzeigendes Fürwort.
22. Mein, dein, unser sind unbestimmte Artikel. **falsch**
    Richtig: Mein, dein, unser sind besitzanzeigende Fürwörter.
23. Mit einem **Pronomen** kannst du ein **Nomen** ersetzen. **richtig**
24. Eine **Präposition** ist ein **Vorwort. richtig**
25 Je nach **Person** ändert sich die **Personalform des Verbs. richtig**

109
1. Ich bin gestern in der Früh angekommen. Perfekt
2. Der Bauer erntet im Herbst die letzten Äpfel. Präsens
3. Das Schönste daran ist die kunstvolle Stickerei.
4. Er schenkte sich nochmals ein.
5. Ich übergebe dem Tormann (O3) den Fußball (O4).
6. Sie ritt auf ihrem Pferd davon. Präteritum
7. Die vielen Freunde gratulierten dem alten Freund zum morgigen Geburtstag.
8. gehen, laufen, wandern, tanzen, hüpfen, klettern, springen
9. Wir begrüßen den neuen Nachbarn mit einem Blumenstrauß.

10. Meine Freundin und ich gehen jede Woche Tennis spielen.
11. Perfekt
12. Präteritum

---

110 1. angeln; 2. Mist; 3. meiner; 4. führst; 5. ist; 6. werden; 7. Perfekt; 8. das; 9. dein; 10. aufgestanden; 11. schnell; 12. schlafend; 13. loslassen; 14. las; 15. bestehend; 16. ist gelaufen; 17. hatten / waren + Partizip 2; 18. mehr; 19. wird kochen; 20. auf

---

111 1. wem?; 2. 2. Stelle; 3. wer oder was?; 4. Fragezeichen; 5. Nominativ; 6. wen oder was?; 7. Verschiebeprobe; 8. Anführungszeichen; 9. Rufzeichen; 10. Beifügung; 11. MIR; 12. MICH; 13. was wird ausgesagt?; 14. verschiedenen Stellen

Manchmal gehört das **Adjektiv zu einem Nomen** (der **mächtige** Tiger, eine **schnelle** Gazelle), manchmal gehört es **zu einem Verb** (Das Haus ist **alt**.).

Das **Adjektiv eines Nomens** stimmt mit diesem in Fall, Zahl und Geschlecht überein (= **gebeugt**).

Beispiel:
ein **altes** Haus, bei eine**m alten** Haus, an de**n alten** Häusern – Was für ein ...?

Das **Adjektiv, das zum Verb „sein"** gehört, ändert sich nicht (= hat **keine Beugungsendung**).

Beispiel:
Das Haus ist **alt**. Die Türen sind **neu**. – Wie ist/sind ...?

Ü 49

Ordne die Adjektive von Ü 48 in zwei Spalten:
Worin unterscheiden sich diese Adjektive voneinander?

Adjektive, die zum Nomen gehören	**Adjektive, die zum Verb „sein" gehören**

Ü 50

Füge jeweils zum Nomen das Adjektiv als nähere Bestimmung (Beifügung) richtig hinzu!
Achte auf die Übereinstimmung von Fall, Zahl und Geschlecht (= Beugungsendung)!

Besuch bei den Delfinen

Wir besuchen bei ______ (heiter) Wetter den ______ (nahe) Tiergarten. Heute spazieren wir zu den ______ (fröhlich) Delfinen. Mit ______ (groß) Schritten betreten wir das Delfinarium und warten auf die ______ (großartig) Vorstellung mit den ______ (lustig) Delfinen.
Wir hören schon ihre ______ (laut) Schreie und freuen uns auf die ______ (toll) Kunststücke. Aus einem Blasloch stoßen die Delfine nämlich ______ (hell) Töne aus, die ihnen zur Orientierung dienen.

Bekannt sind diese ______ (intelligent) Tiere aber auch für ihr ______ (schnell) Tempo. Mit ihrer ______ (mächtig) Schwanzflosse erreichen sie die Geschwindigkeit eines Motorbootes. Blitzschnell tauchen die Delfine auf und springen in ______ (weit) Bogen wieder ins Wasser. Dabei winken sie mit ihren ______ (klein) Seitenflossen den Zuschauern zu.
Hast du gewusst, dass diese ______ (schnell) Wassertiere keine Fische sind, sondern Säugetiere?

Ü 51

Setze jeweils das Adjektiv zum Verb sein (1.) und zum Nomen (2.)!
Welchen Unterschied zwischen den Adjektiven bei 1. und 2. erkennst du?

schnell:
1. Die Affen sind ______.
2. Die ______ Affen holen sich die Bananen.

langsam:
1. Die Schildkröten sind ______.
2. Ich beobachte die ______ Schildkröten.

intelligent:
1. Der Delfin ist ______.
2. Im Delfinarium sehen wir den ______ Delfinen zu.

lustig:
1. Der Felsenpinguin mit seinen Federn am Kopf ist ______.
2. Der Felsenpinguin hat einen ______ Kopfschmuck.

gefährlich:
1. Das Leben desTierpflegers ist ______.
2. Der Tierpfleger darf sich in keine ______ Situation begeben.

durstig:
1. Die Giraffe ist ______.
2. Die ______ Giraffe steht beim Wasserloch.

hungrig:
1. Die Pandabären sind immer ______.
2. Wir beobachten die ______ Pandabären beim Fressen.

müde:
1. Der Löwe ist ______.
2. Der ______ Löwe liegt im Schatten eines Baumes.

Partizipien als Adjektive

Partizipien werden häufig als **Adjektive** verwendet.

1. Partizip (Mittelwort der Gegenwart): eine spann**ende** Vorstellung, der spring**ende** Delfin, die klatsch**enden** Zuschauer

2. Partizip (Mittelwort der Vergangenheit): eine **ge**lung**ene** Vorstellung, der **ge**fund**ene** Schlüssel, die **ge**kauf**ten** Sachen

Ü 52 **Bilde das 1. und 2. Partizip und verwende die Wörter als Adjektive!**

1. Partizip	Verwendung als Adjektiv	2. Partizip	Verwendung als Adjektiv
aufblüh**end**	der **aufblühende** Flieder	auf**ge**blüh**t**	der **aufgeblühte** Flieder
sing	die Amsel	sung**en**	das Lied
spiel	das Kind	spiel	die Spiele
brüll	der Löwe	brüll	die Töne
such	die Affen	such	das Futter
ruf	die Leute	ruf	die Wärter
pass	der Stoff	pass	der Ball
fress	der Tiger	fress	das Fleisch
trink	das Baby	trunk	der Saft

Vergleichsstufen – Vergleichsformen

Die meisten Adjektive lassen sich **steigern** (Komparation).
Es gibt **drei Vergleichsstufen** (Grundstufe – Mehrstufe – Meiststufe).

Die Vergleichsstufen

Positiv / Grundstufe	**Komparativ / Mehrstufe**	**Superlativ / Meiststufe**
schön	schön**er**	(am) schön**sten**
lang	läng**er**	(am) läng**sten**

Ü 53 **Schreibe die Adjektive (in ihrer Grundform) aus Ü 48 und Ü 50 in die Tabelle und setze sie in die Mehr- und Meiststufe!**

Positiv / Grundstufe	Komparativ / Mehrstufe	Superlativ / Meiststufe
bunt	bunter	(am) buntesten
viel	mehr	(am) meisten
gleich	–	–

heimisch	–	–
nahe	näher	am nächsten
blitzschnell		

Achtung!
Adjektive, die **eine Höchststufe** oder **etwas Unveränderliches** ausdrücken, können **nicht gesteigert werden**.

Beispiel:
ein **heimischer** Singvogel, ein **blindes** Huhn, ein **toter** Vogel, der **goldene** Käfig, das **runde** Gehege, das **eiserne** Tor ...

Die Vergleichsformen

Bei Gleichheit: **so + Grundstufe + wie** (so groß wie ...)
Das Orang-Utan-Männchen ist **so groß wie** ein Schimpansen-Männchen.

Bei Verschiedenheit: **Mehrstufe + als** (schwerer als ...)
Jedoch ist der Orang-Utan bei gleicher Größe wesentlich **schwerer als** der Schimpanse.

Positiv / Grundstufe	Komparativ / Mehrstufe	Superlativ / Meiststufe
so groß wie	größer als	am größten
so schwer wie	schwerer als	am schwersten

Ü 54

Setze die Vergleichsformen richtig ein!

Tierische Vergleiche

Der afrikanische Elefant ist __________ (groß) **als** sein indischer Verwandter.
Beim indischen Elefanten sind die Stoßzähne und die Ohren __________ (klein) **als** beim afrikanischen Elefanten.
Die Haut des indischen Dickhäuters ist __________ (fein) und __________ (glatt) **als** die seines afrikanischen Artgenossen.
Der Afrikanische Elefant ist aber genau**so** __________ (arg) vom Aussterben bedroht wie der Indische Elefant.
Die Löwenmutter ist __________ (schlank) **als** das Männchen und hat keine Mähne.
Beim Orang-Utan sind beide Arme __________ (lang) und __________ (kräftig) **als** die Beine.
Der Schimpanse lebt __________ (häufig) am Boden **als** der Orang-Utan. Dieser fühlt sich in den Bäumen **am** __________ (wohl).

Ü 55

Manchmal vergleicht man die Eigenschaften eines Menschen mit denen eines Tieres. Überlege, worin der inhaltliche Unterschied der beiden Aussagen liegt!

1. Er ist **fleißig wie** eine Biene.
2. Er ist **fleißiger als** eine Biene.

Ü 56

Bei folgenden Sprichwörtern sind Adjektive in den drei Vergleichsstufen (Positiv – Komparativ – Superlativ) verwendet. Gib jeweils die Stufe an!

1. Je kleiner die Eidechse, umso größer ihre Hoffnung, ein Krokodil zu werden.
2. Die größten Ochsen ziehen nicht die größten Furchen.
3. Kein Mensch ist so reich, dass er nicht seinen Nachbarn bräuchte.
4. Wer sich selber für seinen besten Freund hält, hat keinen anderen.
5. Der Fisch, den man nicht fängt, ist immer groß.
6. Unbilliger Friede ist besser als gerechter Krieg.

Wenn du dir unsicher bist, wie der **Auslaut bei einem Adjektiv** geschrieben wird, kannst du die Vergleichsformen auch als Rechtschreibhilfe anwenden.

Beispiel:
der har**t**e Panzer, der här**t**ere Panzer, der här**t**este Panzer
der hei**ß**e Sand, hei**ß**er, am hei**ß**esten

Durch die Wortverlängerung kannst du den Auslaut deutlicher hören.

Adjektive erkennen und bilden

Durch die Nachsilben **-ig, -lich, -sam, -bar, -isch, -haft** kannst du Adjektive leicht erkennen.
Meist wird das Adjektiv von einem Nomen oder Verb abgeleitet.
Durst – durst**ig**, Mensch – mensch**lich**, sparen – spar**sam**, fahren – fahr**bar**

Ü 57

Bilde Adjektive, indem du die folgenden Wörter mit einer der oben angeführten Nachsilben veränderst!

Nomen / Verb	Adjektiv	Nomen / Verb	Adjektiv
Lust	lustig	Sorge	sorgsam
Staub		Wunder	
bedeuten		lesen	
Zorn		wachen	
Schrecken		Grund	
Furcht		Gefahr	
waschen		Dank	
Geduld		Raum	
Dreck		Sport	
genießen		Spaß	
Stunde		Sonne	
Zug		Regen	
trinken		essen	
Herz		hören	
Last		erholen	
Saft		Käufer	
raten		lachen	
Haus		Ecke	
Stein		begehen	
benutzen		Halt	

Schlusstest

Ü 58

Übung zu den Wortarten Nomen, Verb und Adjektiv.
Ordne die Wörter in die richtige Spalte! Woran erkennst du sie?

SONNIG, FURCHTSAM, MÄNNLICH, MÄNNER, BLÜTE, BLÄTTERN, VERLIEREN, BLATT, STÄNGEL, LUSTIGSTEN, BUNT, GEHÖRT, ZORN, DANKBAR, REICHTUM, MEHR, PERSÖNLICH, LIEST, NAME, SCHAURIG, ZORNIG, BÖSE, ÄNGSTLICH, GEWONNEN, ZOG, GEFÄHRLICH, SCHWIERIGER, SAUGEN, HINDERNIS, BIEGSAM, SCHÖNER, SITZET, MISSVERSTÄNDNIS, LEICHTIGKEIT, GETRAGEN, GRUB, VERHÄLTNIS, LAS, KOMM, ZUG, ZAHLUNG, ZÄHLT, BOG, GRUBE, MAUER, FARBE, GEBUNDEN.

Nomen	**Verb**	**Adjektiv**

Ich erkenne ein Nomen daran, dass ich ______________________________

Ich erkenne ein Verb daran, dass ______________________________

Ich erkenne ein Adjektiv daran, dass ______________________________

Wortfamilien bilden und erkennen

Wörter mit **demselben Wortstamm** gehören zu einer **Wortfamilie.**
An den Wortstamm können Endungen, aber auch Vorsilben gehängt werden.

spielen, **spiele**risch, das **Spiel**, das End**spiel**, ver**spielen**
essen, **ess**bar, das **Ess**en, der **Ess**tisch, auf**essen**

Meist sind Verb, Nomen und Adjektiv in einer Familie vertreten.
Wenn du ein Familienmitglied kennst, hilft dir das beim richtigen Schreiben der anderen verwandten Wörter.

Ü 59

Ergänze in der Tabelle die fehlenden Mitglieder der Wortfamilien! (Es gibt manchmal mehrere Möglichkeiten.)

Verb	**Nomen**	**Adjektiv**	**Zusammensetzung**
nennen	die Nennung	nennenswert	die Nennform
hören	das Gehör		die Anhörung
	der Denker	denkbar	
fahren		fahrbar, fahrig	die Fahrerkabine
hoffen		(1. Partizip)	der Hoffnungsträger
		läufig	die Laufstrecke
	der Leser		die Lesenacht
binden		bündig	der Geheimbund
		sparsam	das Sparbuch
streichen		streichbar	
stoßen	der Stoß	anstößig	
	der Pass	passierbar	
	die Fassung		
		tönend (1. Partizip)	die Haartönung
	die Trage	(1. Partizip)	
ziehen			die Lottoziehung
kleben	der Kleber		
(ver)zieren			die Zierleiste
trauern			die Trauerfeier
lenken			das Lenkrad

Ü 60

Welchen Wortstamm findest du bei folgenden Wörtern?
Ordne die Mitglieder einer Wortfamilie zusammen unter ihren gemeinsamen Stamm!
Schreibe so, dass man erkennen kann, welche Wortart vorliegt!
(Groß- und Kleinschreibung!)

FANGEN, WÄRME, FISCHEN, FEHLEN, FANG, WÄRMEN, GEFANGEN, WARM, ERWÄRMEN, FEHLSTUNDE, FISCHFANG, FEHLER, VERFANGEN, FISCHER, ERWÄRMUNG, FEHLSTELLUNG, GEFÄNGNIS, AUFWÄRMEN, UMFANG, SEEFISCH, VERFEHLUNG, WARMWASSER, FISCHREICH, FEHLERHAFT, FISCHGRÄTE

Stamm: ______________________________

____

Stamm: ______________________________

____

Stamm: ______________________________

____

Stamm: ______________________________

____

KÄUFER, GETRÄNK, VERKAUFEN, BLÄTTERN, KAUFMANN, TRINKBAR, EINLAUF, EINKAUFEN, BETRINKEN, UMBLÄTTERN, VERLAUFEN, GROSSKAUFHAUS, ANGETRUNKEN, AUFGEBLÄTTERT, BLÄTTERTEIG, ERTRUNKEN, AUSVERKAUF, EINLAGEBLATT, WETTLAUF, ERDBEERBLÄTTERTEE, ANLÄUFE, VERKÄUFLICH, TRINKHALM, EINGELAUFEN, GETRÄNKEAUTOMAT, LÄUFER
(Achtung: ß = SS)

Stamm: ______________________________

____

Stamm: ______________________________

____

Stamm: ______________________________

____

Stamm: ______________________________

____

Das Pronomen (Das Fürwort)

Wir unterscheiden das **Personalpronomen** (das persönliche Fürwort):
ich, du, er, sie, es, wir, ihr, sie

und das **Possessivpronomen** (das besitzanzeigende Fürwort):
meiner, meine, mein, deiner, deine, dein …

Das Personalpronomen

Person	**1. Fall (Nominativ)**	**2. Fall (Genitiv)**	**3. Fall (Dativ)**	**4. Fall (Akkusativ)**
1. Pers. Singular	ich	meiner	mir	mich
2. Pers. Singular	du	deiner	dir	dich
3. Pers. Singular	er	seiner	ihm	ihn
	sie	ihrer	ihr	sie
	es	seiner	ihm	es
1. Pers. Plural	wir	unser	uns	uns
2. Pers. Plural	ihr	euer	euch	euch
3. Pers. Plural	sie	ihrer	ihnen	sie

Personalpronomen sind Stellvertreter des Nomens.
Er (der Hund) gehört mir. **Es** (das Heft) ist meines.

Ü 61

Ersetze das Nomen (Nomen und Artikel) durch das passende Personalpronomen!

Zu Besuch bei Giraffe und Kamel

1. Die Giraffen / ______ schauen über den hohen Zaun.
2. Genüsslich pflücken die Tiere / ______ die Blätter von den höchsten Bäumen.
3. Auch Heu und Stroh schmecken den Wiederkäuern / ______ .
4. Trotz ihrer Körpergröße sind die Giraffen / ______ schnelle Läufer.
5. Das Kamel / ______ ist auch ein Wiederkäuer und das Kamel / ______ ist an karge Kost gewöhnt.
6. Bis zu zwei Wochen können die Kamele / ______ ohne Wasser auskommen.
7. Gibt es wieder Wasser, trinken die Tiere / ______ bis zu 150 Liter Wasser.
8. Im Zoo gibt man den Kamelen / ______ nicht zu viel Futter, da sie karge Kost gewöhnt sind.
9. In den Höckern wird Fett gespeichert, von dem das Kamel / ______ später zehrt.
10. Wer einmal auf einem Wüstenschiff / ______ geritten ist, weiß, dass man seekrank werden kann.

Wenn du Personalpronomen in deinen Texten verwendest, kannst du unnötige Wortwiederholungen vermeiden.

Ü 62

Ersetze wiederholte Satzglieder durch Personalpronomen!

Im Aquarienhaus und im Terrarium

1. Gestern besuchten mein Freund und ich das Aquarienhaus. Mein Freund und ich / ___ beobachteten die Süßwasserfische in den großen Becken.
2. Interessiert beobachtete Martin die Piranhas. Über die Piranhas / ___ wird erzählt, dass sie Menschen mit Haut und Haar gefressen haben sollen.
3. Diese Geschichten sind wohl reine Erfindung, denn diese Geschichten / ___ bekommt man nur im Horrorfilm erzählt.
4. Martin und ich beschlossen, auch ins Terrarium zu gehen. Martin und ich / ___ wollten auch noch die Krokodile sehen.
5. Die Krokodile / ___ lieben schlammige Wasserstellen.
6. Meinem Freund sind die Schlangen nicht so geheuer. Meinem Freund / ___ ekelt es vor den Schlangen / ___ .
7. Schlangen / ___ sind unglaublich gelenkig, denn Schlangen / ___ haben eine bewegliche Wirbelsäule.
8. Mein Vater wartete schon vor dem Tierpark. Ich rannte zu meinem Vater ___ und erzählte meinem Vater / ___ von unseren Erlebnissen.
9. Martin und ich beschlossen, nächstes Wochenende wieder zu kommen. Martin und ich / ___ werden dann auch die Schildkröten und Eidechsen besuchen.
10. Als Martin nach Hause gekommen war, spielte Martin / ___ am Gameboy ein aufregendes Spiel, das von Meeresungeheuern handelt. Typisch Martin!

Das Possessivpronomen

Das **Possessivpronomen** ist **Begleiter des Nomens**.
Es **stimmt mit dem Nomen** in Fall, Zahl und Geschlecht **überein** (wie ein Adjektiv).

Die Leine **meines** Hundes liegt dort. **Meine** Mutter besucht **deine** Mutter.

	1. Person	**2. Person**	**3. Person**
Singular	mein	dein	sein, ihr, sein
Plural	unser	euer	ihr

Ü 63

Setze die Possessivpronomen in der richtigen Form ein!

Wie sich Tiere im Zoo verhalten

1. Ich sehe schon **meine** Freunde beim Eingangstor stehen.
2. Bei der Kassa geben wir ___ Rucksäcke ab.
3. Habt ihr ___ Eintrittskarten schon bekommen?
4. Der Gorilla kratzt sich ___ Bauch.
5. Die Giraffe spreizt zum Trinken ___ langen Vorderbeine.
6. Voller Wut schlägt der Schimpanse mit ___ Faust auf den Boden.
7. Mit Genuss verdrücken die Schimpansen ___ Bananen.
8. Der Bambusbär hat nach ___ Leibgericht ___ Namen bekommen.

Schlusstest

Ü 64

**Unterstreiche alle Personalpronomen und Possessivpronomen!
Ordne sie in die Tabelle und gib Person und Zahl (Singular/Plural) an!**

Unser Besuch im Nachthaus

Heute machen wir unseren Rundgang im Nachthaus des Zoos. Dort leben Tiere, die in der Nacht aktiv werden und im künstlichen Mondlicht ihr bewegtes Nachtleben verbringen. Sie fühlen sich also wie in der Nacht und unternehmen dann ihre Beuteflüge. Gegen Abend, wenn das Nachthaus geschlossen wird, wird es hell erleuchtet und jedes Tier kann seine verdiente Ruhe haben. Zuerst erblicke ich einige Fledermäuse. Sie fliegen blitzschnell und ich höre nur das Rauschen ihrer Flügel. Andere hängen noch in ihrer Schlafstellung an einem Ast mit ihrem Kopf nach unten. Fledermäuse haben ihr gutes Orientierungsvermögen auch im Dunkeln. Sie stoßen beim Fliegen ihre Schreie aus, die für uns nicht zu hören sind. Am zurückgeworfenen Echo können sie sich dann orientieren. Gleich wird eine Fledermaus ihre Beute in einem kleinen Nachtfalter finden. Mein Freund Martin interessiert sich mehr für die Vampirfledermaus. Sie ernährt sich ausschließlich vom Blut von Wirbeltieren. Er erzählt mir dann seine Schauergeschichten über Vampire. Darüber muss er aber selber lachen, denn wer würde sich schon vor einer kleinen Fledermaus fürchten! Fürchtest du dich etwa?

Personalpronomen	**Possessivpronomen**
wir 1. Pers. Plural	unser (Besuch) 1. Pers. Plural

Ü 65

Um welche Wortarten handelt es sich bei den unterstrichenen Wörtern? Trage sie in die Tabelle ein! (Schreibe die Nomen im 1. Fall mit Artikel und die Verben im Infinitiv auf!)

Besuch bei den Gorillas

Wir schauen heute zum Affenfelsen und besuchen die Gorillas. Es geht dort friedlich zu. Das große Gorillamännchen sitzt in der prallen Sonne und beobachtet seine Familie. Es ist sicherlich zwei Meter groß und hat 200 Kilogramm.
Ein fürsorgliches Gorillaweibchen spielt mit seinem kleinen Kind und kratzt ihm das glatte Fell. Ein anderer Gorilla sucht nach schmackhaftem Futter. Diese Menschenaffen essen am liebsten köstlichen Bambus.
Martin erzählt schon wieder gruselige Geschichten von „King Kong" und „Godzilla". Aber bei dem Anblick dieser friedlichen Pflanzenfresser glaubt ihm sowieso keiner ein Wort.

Nomen	Verb	Adjektiv	Pronomen	Artikel
der Besuch	schauen	friedlich	wir	den

Die Präposition (Das Vorwort)

Mithilfe einer Präposition (eines Vorworts) fügst du Satzglieder aneinander. **Präpositionen** sind **Wörter**, die **vor Nomen oder Pronomen** stehen und einen **bestimmten Fall** verlangen können.

Präpositionalobjekte (Vorwortergänzungen) erkennst du daran, dass **im Fragewort die Präposition** vorkommt!

Beispiele:
Der Tierpfleger kümmert sich **um die Seehunde**.
Um wen? (Vorwort verlangt Ergänzung im 4. Fall)

Die Zoobesucher warten **auf das Elefantenbaby**.
Auf wen? **Worauf**? (Vorwort verlangt Ergänzung im 4. Fall)

Mein kleiner Bruder fürchtet sich **vor den Schlangen**.
Wo**vor**? **Vor** wem? (Vorwort verlangt Ergänzung im 3. Fall)

Die hungrige Robbe wartet **auf die Fütterung**.
Wor**auf**? **Auf** was? (Vorwort verlangt Ergänzung im 4. Fall)

Mithilfe von Präpositionen kannst du **Zeitpunkt** und auch **Standort** angeben.

Beispiele:
Ich treffe meine Freunde **am** (Zeit) 6. Juli **um** (Zeit) sieben Uhr **vor** (Ort) dem Tiergarten Schönbrunn.

Der Tierpfleger steht **vor** dem Seehundbecken (Ort).

Ich stecke die Schulsachen **nach** (Zeit) dem Unterricht **in** (Ort) die Schultasche.

Die **wichtigsten Präpositionen** sind:
durch, für, gegen, ohne, um, auf, aus, bei, mit, nach, von, zu.

Es gibt aber noch viel mehr davon.

Die wichtigsten Vorwörter, die
den 4. Fall verlangen: durch, für, gegen, ohne, um
den 3. Fall verlangen: aus, bei, mit, nach, von, zu

Ü 66

Setze eine passende Präposition ein!

1. Die Seehunde springen ______ dem Wasser.
2. Die Giraffe trinkt ______ dem Wassertümpel.
3. Die Löwin liegt ______ der Sonne und schaut ______ ihr Junges.
4. Der Elefant holt ______ seinem Rüssel Blätter ______ Baum.
5. Der Gorilla lehnt sich ______ den Baumstamm.
6. Der Tierpfleger bringt Fleisch ______ den hungrigen Tigern.
7. Die Pandabären klettern ______ den Bambusbäumen herum.
8. Die Zebras laufen ______ weiten Gehege.
9. Der neugierige Mandrill greift ______ meiner Hand.
10. ______ acht Uhr schließt der Zoo, dann müssen wir ______ Hause gehen.
11. Ich freue mich schon ______ unseren nächsten Besuch.
12. Vielleicht werden wir ______ Sonntag wieder kommen.
13. Ich werde ______ meiner Schulklasse am Schulschluss herkommen.
14. Dann werden wir auch ______ das Palmenhaus gehen.
15. Dort werden wir dann ______ tropischen Klima schwitzen.
16. Auch ein Besuch ______ Aquarienhaus wäre interessant.
17. Wir könnten die gefährlichsten Meeresbewohner ______ eine Glasscheibe beobachten.
18. Aber wir sollten uns doch ______ eine Sache entscheiden.
19. Der Zoobesuch sollte ______ Stress und Hektik ablaufen.
20. Man muss genügend Zeit haben, um einen Besuch ______ Tiergarten genießen zu können.

Satzlehre

Die Satzglieder

Jeder Satz besteht aus Satzgliedern. Satzglieder sind **Bausteine des Satzes.**
Ein Satzglied kann aus einem einzigen Wort oder aus mehreren Wörtern bestehen.

Ordne die folgenden Wörter so, dass ein sinnvoller Satz entsteht:

Apfel einen in Hans isst roten der Pause

____

Du hast einen Satz gebildet. Richtig hast du ihn aufgeschrieben, wenn du deinen Satz unter den vier unten angeführten Möglichkeiten findest.

Hans isst in der Pause einen roten Apfel.
In der Pause isst Hans einen roten Apfel.
Einen roten Apfel isst Hans in der Pause.
Hans isst einen roten Apfel in der Pause.

Wörter, die im Satz zusammengehören, können nur **gemeinsam verschoben** werden. Sie bilden **ein Satzglied.**
Die **Verschiebeprobe** hilft dir, die einzelnen Satzglieder zu erkennen.

Ü 67

1. **Finde heraus, aus wie vielen Satzgliedern dein aufgeschriebener Satz besteht!**
2. **Grenze die einzelnen Satzglieder durch Längsstriche voneinander ab und unterstreiche das 2. Satzglied!**
3. **Zähle die Wörter der einzelnen Satzglieder!**
4. **Wie viele Satzmöglichkeiten erhältst du mit der Verschiebeprobe?**

Ü 68

Jeder der folgenden Sätze hat einen anderen Satzanfang. Jeder Satz beginnt also mit einem anderen Satzglied. Etwas haben diese Sätze aber gemeinsam. Erkennst du, was?

Hans	isst	in der Pause	einen roten Apfel.
In der Pause	isst	Hans	einen roten Apfel.
Einen roten Apfel	isst	Hans	in der Pause.
Hans	isst	einen roten Apfel	in der Pause.

Das Prädikat „isst“ steht in jedem Satz an ____________________.

Im Aussagesatz steht das **Prädikat** immer an **2. Stelle**.
Egal, wie du die Satzglieder verschiebst, das **Prädikat** behält seinen **Fixplatz an 2. Satzgliedstelle**! Vor dem Prädikat hat also nur **ein** Satzglied Platz.

Ü 69

Verschiebe die Satzglieder der folgenden Sätze so, dass immer sinnvolle Aussagesätze entstehen! Achte dabei auf die Stellung des Prädikats und unterstreiche es!
Grenze die Satzglieder mit Längsstrichen voneinander ab!

1. Brigitte schneidet Äpfel für ein Apfelkompott.
2. Apfelsaft mische ich mit Mineralwasser.
3. Die Mutter füllte das heiße Apfelmus in die Gläser.
4. Im Chinarestaurant bestellt mein Bruder gebackene Apfelscheiben.
5. Diesen Salat übergoss ich mit Apfelessig.

Ü 70

Gib an, aus wie vielen Satzgliedern diese Sätze aus Ü 69 bestehen!
Wie viele Satzmöglichkeiten gibt es also für jeden Satz?

Ein vollständiger **Satz besteht** zumindest **aus** einem **Subjekt** (Satzgegenstand) und einem **Prädikat** (Satzaussage).
Das **Objekt** (Ergänzung) gibt weitere Informationen über Subjekt und Prädikat.

Das Prädikat (Die Satzaussage)

Das **Prädikat (P)** wird von einem **Verb** (Zeitwort) gebildet.
Das Prädikat sagt dir, **was ausgesagt wird**, was getan wird, was passiert, was vor sich geht.
Am besten fragst du nach dem Prädikat mit: **Was wird ausgesagt?**
Im Aussagesatz ist das **Prädikat immer das zweite Satzglied**.
Es steht also an **2. Stelle im Aussagesatz**.

(P)
Hans / **isst** / in der Pause / einen roten Apfel.

Du fragst: Was wird ausgesagt? (Was tut Hans?)
Du antwortest: Hans isst.
Du hast das Prädikat (P) gefunden.
Kontrolle: Das Prädikat muss an 2. Satzgliedstelle stehen!

Ü 71 **Finde das Prädikat durch Fragen! Nimm die Sätze aus Ü 69!**

Achtung:
Das Prädikat kann **einteilig** sein.

Beispiel:
Hans **isst** in der Pause einen roten Apfel. (Verb)

Das Prädikat kann aber auch **zweiteilig** sein.

Beispiel:
Hans / **hat** / in der Pause / einen roten Apfel / **gegessen**. (Hilfsverb + Verb)
Hans / **will** / in der Pause / einen roten Apfel / **essen**. (Modalverb + Verb)
Hans / **beißt** / von einem roten Apfel / **ab**. (Verb + Verbzusatz)

Das einteilige Prädikat

Das **Prädikat** besteht aus **einem Verb** (einteiliges Prädikat), wenn es in der Zeitform des **Präsens** (Gegenwart) oder des **Präteritums** (Mitvergangenheit) steht. Dieses Verb sagt aus, was getan wird (**aussagendes Verb**). Es steht in der **Personalform** und stimmt mit dem Subjekt überein.

(P)
Hans / **isst** / heute / einen Apfel.
(**Präsens**) (aussagendes Verb in der Personalform)

(P)
Hans / **aß** / gestern / einen Apfel.
(**Präteritum**) (aussagendes Verb in der Personalform)

Einteilige Zeitformen sind das **Präsens** und das **Präteritum**.
Das Prädikat bildest du hier **mit einem Verb**, das in der Personalform steht.

Beispiel:
Du **gehst** zum Apfelbaum. (2. Person, Singular, **Präsens**)
Er **trinkt** Apfelmost. (3. Person, Singular, **Präsens**)
Die Schüler **aßen** gestern Apfelstrudel. (3. Person, Plural, **Präteritum**)
Wir **pflanzten** einen Apfelbaum. (1. Person, Plural, **Präteritum**)

Ü 72 **Bilde jeweils einen Satz im Präsens und im Präteritum mit den vorgegebenen Wörtern! Das Verb steht in der Nennform. Du musst es in die passende Personalform setzen. (Es gibt manchmal zwei Lösungen.)**

1. einen Apfel – schneiden – Großmutter
2. die Kinder – essen – einen Bratapfel
3. naturtrüber Apfelsaft – schmecken – meiner Familie

Ü 73 **Grenze die Satzglieder von Ü 72 mit Längsstrichen voneinander ab und unterstreiche die Personalendung des aussagenden Verbs!**

Das zweiteilige Prädikat

Das Prädikat besteht aus zwei Teilen (**zweiteiliges Prädikat**), wenn es in der Zeitform des **Perfekts** (Vergangenheit), des **Plusquamperfekts** (Vorvergangenheit) oder des **Futurs** (Zukunft) steht.
Die **Verbklammer** umklammert alle Satzteile, die zwischen den Prädikatsteilen stehen.
Das Prädikat bildest du mit **dem aussagenden Verb** und **einem Hilfsverb**.
Das **Hilfsverb** steht in der **Personalform** an 2. Satzgliedstelle.
Das **aussagende Verb** steht im Infinitiv (**Nennform**) beim Futur und im Partizip der Vergangenheit (**2. Partizip**) beim Perfekt und beim Plusquamperfekt.

Hans / **hat** / gestern / einen Apfel / **gegessen**. (Perfekt)

Verbklammer
Hilfsverb in der Personalform — (P) — aussagendes Verb, 2. Partizip

Hans / **hatte** / vorgestern / einen Apfel / **gegessen**. (Plusquamperfekt)

Verbklammer
Hilfsverb in der Personalform — (P) — aussagendes Verb, 2. Partizip

Hans / **wird** / morgen / einen Apfel / **essen**. (Futur)

Verbklammer
Hilfsverb in der Personalform — (P) — aussagendes Verb, Infinitiv

Ein Prädikat kann auch **zweiteilig** sein, wenn das Verb einen **Verbzusatz** hat.

Beispiel:
aus-schütten, ein-kaufen, nach-laufen, ein-schlagen, um-schlagen ...

Hans / **schüttet** / den Apfelsaft / **aus**.
P

Ob es sich um einen Verbzusatz handelt, erkennst du, wenn du dir das Verb im Infinitiv anschaust!

Beispiel:
schüttet aus – ausschütten
kauft ein – einkaufen

Ü 74

Bilde mit den vorgegebenen Wörtern Sätze und unterstreiche das Prädikat!
Gib an, warum du ein zweiteiliges Prädikat aufschreibst!

1. der Gemüsehändler – einlagern – Äpfel
2. Obstbäume – der Gärtner – einsetzen
3. Mutter – abschälen – die Äpfel
4. die Marktfrau – abwiegen – das Obst
5. den Apfelsaft – einschenken – der Wirt

Zweiteilige Zeitformen sind **Perfekt**, **Plusquamperfekt** und **Futur**.
Das Prädikat bildest du mit einem **Hilfsverb** und mit dem **aussagenden Verb**.
Die drei **Hilfsverben** heißen: **haben**, **sein** und **werden.**

Ein zweiteiliges Prädikat kannst du auch mit Hilfe von **Modalverben** (**dürfen, können, sollen, wollen, mögen, müssen, lassen**) bilden.

Beispiel:
Man / **soll** / täglich / einen Apfel / **essen**.
P

Schlusstest

Ü 75

Bilde mit den Wörtern von Ü 72 jeweils einen Satz im Perfekt, im Plusquamperfekt und im Futur! Unterstreiche das Hilfsverb und das aussagende Verb!

Ü 76

Bei den folgenden Sätzen ist das Prädikat zweiteilig.
a) Ergänze den fehlenden Teil des Prädikats und gib an, um welche Zeitform es sich handelt!
b) Unterstreiche den Teil des Prädikats, der die Personalform trägt!
Gib an, um welche Wortart es sich dabei jeweils handelt!

Beispiel:
a) Während der Pause hat Paul einen Apfel **gegessen** (essen). (**Perfekt**)
b) Während der Pause **hat** Paul einen Apfel gegessen. (**Hilfsverb**)

1. Der Apfel ist vom Baum __________ (fallen).
2. Opa hat immer gerne seinen Apfelschalentee __________ (trinken).
3. Unsere Nachbarn hatten den alten Apfelbaum __________ (umschneiden).
4. Der Gärtner __________ (kehren) das Laub der Apfelbäume zusammen.
5. Oma __________ (legen) die Apfelringe zum Trocknen auf.
6. Thomas __________ (essen) den ganzen Apfelkuchen auf.
7. Meine Schwester __________ (setzen) den Apfelkern in die Erde ein.
8. Die Apfelernte wird dieses Jahr gut __________ (ausfallen).
9. Wir werden uns viele Äpfel __________ (einlagern).

Ü 77

Unterstreiche das Prädikat in den folgenden Sätzen und gib die Zeitform an!
Grenze die Satzglieder durch Längsstriche voneinander ab!
Setze das Prädikat der Sätze jeweils als erstes Satzglied!
Was passiert mit den ursprünglichen Aussagesätzen?

Beispiel: Haben Äpfel ...

1. Äpfel haben sehr viele Vitamine.
2. Besonders die Apfelschale enthält viel Vitamin C.
3. Im Winter gehört der Apfel zu den beliebtesten Vitaminquellen.
4. Im Spätsommer lagert man Äpfel für den Winter ein.
5. Schon unsere Vorfahren kannten verschiedene Apfelsorten.
6. Bereits im Mittelalter hat man Apfelbäume in den Klostergärten gepflanzt.
7. Bei Verdauungsproblemen wird der Arzt das tägliche Essen eines Apfels empfehlen.
8. Durch das Pressen von Äpfeln entsteht Apfelsaft.
9. Dieser alkoholfreie Saft gehört zu den beliebtesten Erfrischungsgetränken der Kinder.
10. Viele Erwachsene haben schon einmal Apfelmost getrunken.
11. Berühmtheit erlangte die österreichische Küche durch den Apfelstrudel.
12. Die Kinder lieben im Winter besonders die duftenden Bratäpfel.

Das Subjekt (Der Satzgegenstand)

Das **Subjekt** (**S**) wird von einem **Nomen** (Namenwort) oder **Pronomen** (Fürwort) gebildet.
Das Subjekt sagt dir, **wer etwas tut**.
Es ist die Person (auch Tier, Gegenstand, Ding, Gedachtes), **von der etwas ausgesagt wird** (Handlungsträger).
Du fragst nach dem Subjekt mit **WER** oder **WAS**?
Das Subjekt steht immer im Werfall (Nominativ, **1. Fall**).

(S) (P)
Hans / isst / in der Pause / einen roten Apfel.

Du fragst: WER oder WAS (isst)?
Du antwortest: Hans (Hans ist der Handlungsträger.)
Du hast das Subjekt (S) gefunden.

Ü 78

Finde das Subjekt durch Fragen und unterstreiche es!
Grenze zuerst die Satzglieder voneinander ab! Du kannst die Verschiebeprobe zu Hilfe nehmen.

1. Brigitte schneidet Äpfel für ein Apfelkompott.
2. Apfelsaft mische ich mit Mineralwasser.
3. Die Mutter füllte das heiße Apfelmus in Gläser.
4. Im Chinarestaurant bestellt mein Bruder gebackene Apfelscheiben.
5. Diesen Salat übergoss ich mit Apfelessig.
6. Das Häschen knabbert an einem Apfelstück.
7. Die faulen Äpfel liegen in der Biotonne.
8. Sie kaufen nur ungespritzte Äpfel vom Markt.
9. Wir bestreuen den Bratapfel mit Zucker und Zimt.
10. Meine Schwester liebt gedörrte Apfelringe.

Das Subjekt muss **nicht** immer an 1. Stelle im Satz stehen.

Beispiel:

(S) (S)
Hans isst einen roten Apfel. Einen roten Apfel isst **Hans**.

Übereinstimmung von Subjekt und Prädikat

Das Subjekt muss mit dem Prädikat in der **Form** (Person, Zahl) **übereinstimmen**.

(S) (P)
Hans isst einen roten Apfel.
Hans: 3. Person, Einzahl
isst: 3. Person, Einzahl, Personalendung -t

(S) (P)
Wir essen Äpfel.
Wir: 1. Person, Mehrzahl
essen: 1. Person, Mehrzahl, Personalendung -en

Ü 79

Setze in den folgenden Sätzen das Verb in der richtigen Form ein!
Achte auf die Übereinstimmung von Subjekt und Prädikat!
Unterstreiche das Subjekt und die Personalendung des Prädikats!

Beispiel:
Ein Korb mit Obst steht auf dem Wohnzimmertisch. (stehen)

1. Am liebsten ______ ich Bananen. (essen)
2. Auch Affen ______ diese Früchte. (lieben)
3. Meine Schwester ______ mich deswegen immer aus. (lachen)
4. Sie ______ gerne Karotten. (nagen)
5. Hasen ______ das auch. (machen)
6. Ich ______ sie deswegen Hase. (nennen)
7. Mein Bruder und meine kleine Schwester ______ mit Vergnügen Erdnüsse. (knabbern)
8. Auch Eichkätzchen ______ diese Nüsse gern. (knacken)
9. Mein Vater und meine Mutter ______ sich über ihre „tierischen" Kinder. (freuen)

Ü 80

Gib an, in welcher Form (Person, Zahl) Subjekt und Prädikat in den Sätzen von Ü 79 stehen!

Ein Korb mit Obst **steht** auf dem Wohnzimmertisch. **(3. Person, Singular)**

Ü 81

Unterstreiche das Subjekt und das Prädikat in den folgenden Sätzen!
Welche Zeitform wird hier verwendet?

1. In der Schule haben die Schüler und Schülerinnen Kochen.
2. Die Hauswirtschaftslehrerin gibt uns gute Kochtipps.
3. Ich bereite mit meiner Freundin die Nachspeise zu.
4. Gerhard und Thomas braten den Fisch.
5. Die Schüler gehen gerne in den Kochunterricht.
6. Das zubereitete Essen schmeckt ihnen.
7. Die Schüler erledigen rasch den Abwasch.
8. Das große Geschirr legen sie zum Trocknen auf die Abtropftasse.
9. Essgeschirr schlichtet die Kochgruppe in den Geschirrspüler.
10. Zum Schluss blitzt die Küche vor Sauberkeit.

Ü 82

Setze die Sätze ins Präteritum, ins Perfekt, ins Plusquamperfekt und ins Futur! Achte auf die Übereinstimmung von Subjekt und Prädikat! Unterstreiche die Personalform des Prädikats!

Ü 83

Alle Subjekte der Sätze von Ü 81 sollen Personalpronomen werden!
Setze dort Personalpronomen, wo Subjekte von Nomen (und Artikel) gebildet werden, und unterstreiche diese Personalpronomen!

In der Schule haben sie Kochen.

Übersicht:
Grammatikalische Übereinstimmung von Subjekt und Prädikat:

Subjekt (Personalpronomen)	Prädikat (im Präsens)	Person	Zahl
ich	geh**e**	1. Person	Einzahl
du	geh**st**	2. Person	Einzahl
er, sie, es	geh**t**	3. Person	Einzahl
wir	geh**en**	1. Person	Mehrzahl
ihr	geh**t**	2. Person	Mehrzahl
sie	geh**en**	3. Person	Mehrzahl

Ü 84

Bilde ebenfalls eine solche Übersicht mit den Verben braten, rühren und kochen!

ich brate	ich rühre	ich koche
du		
er / sie/ es		
wir		
ihr		
sie		

Ü 85 **Welche Subjekte passen zum Prädikat kocht? Bilde Sätze!**
Weshalb sind einige Sätze nicht möglich?

Der Fernsehkoch ...

Mein Bruder und ich ...

Die Mutter ...

Du ...

Meine Freundin Sabine ... für ihre Mutter zum Muttertag ein Nudelgericht.

Gerhard und Thomas ...

kocht

Unsere Klasse ...

Die Milch ... über.

Die Suppe ... am Herd.

Ich ... vor Wut!

Mein Bruder und ich ... heute einen Vanillepudding.

Meine Schwester ... mit ihrem Freund.

Das Objekt (Die Ergänzung)

Ein vollständiger Satz braucht mindestens ein Subjekt und ein Prädikat.
Manche Prädikate verlangen neben dem Subjekt noch **weitere Satzglieder**, nämlich **Ergänzungen** (Objekte).
Das Prädikat bestimmt, **wie viele Ergänzungen** der Satz mindestens braucht.

Ü 86 **Überlege, warum die folgenden Sätze vom Leser als unvollständig empfunden werden!**
Was fehlt?

Der Koch kostet.
Der Kellner bringt.
Das Lokal gefällt.

Die Sätze sind nicht sinnvoll. Der Leser fragt jeweils um weitere Information.
Es fehlen ______________________!

Das Prädikat verlangt nach einer oder mehreren Ergänzungen.

Der Koch kostet. **Was?** Der Koch kostet **die Suppe**.
Der Kellner bringt. **Was? Wem?** Der Kellner bringt **dem Gast die Karte**.
Das Lokal gefällt. **Wem?** Das Lokal gefällt **dem Gast**.

Die Sätze wurden also mit Ergänzungen vervollständigt.

Das Dativ-Objekt und das Akkusativ-Objekt

Das Satzglied, das Antwort gibt auf die Frage **WEM?**, heißt **Dativ-Objekt (O3)** oder Ergänzung im 3. Fall.
Das Satzglied, das Antwort gibt auf die Frage **WEN oder WAS?**, heißt **Akkusativ-Objekt (O4)** oder Ergänzung im 4. Fall.

Beispiel:
(S) (P) (O3) (O4)
Der Kellner bringt dem Gast die Karte.

Du fragst nach dem Prädikat: Was wird ausgesagt? Der Kellner **bringt** ...
Du fragst nach dem Subjekt: WER oder WAS bringt ...? **Der Kellner** ...
Du fragst nach dem Objekt im 4. Fall (O4): WEN oder WAS bringt der Kellner? ... **die Karte** ...
Du fragst nach dem Objekt im 3. Fall (O3): WEM bringt der Kellner die Karte? ... **dem Gast** ...

Ü 87

Suche in den folgenden Sätzen die Ergänzungen im 3. und 4. Fall durch richtiges Fragen und unterstreiche sie! (Hilfreich ist es, vorher wieder die Satzglieder abzugrenzen!)

Beispiel:
Der Wirt grüßt uns. (WEN oder WAS?) **O4**

1. Wir haben einen großen Tisch reserviert.
2. Der Kellner bringt uns die Karte.
3. Meine kleine Schwester liest mir das Kindermenü vor.
4. Die Kellnerin bringt den Kindern Cola und den Erwachsenen Bier.
5. Wir bestellen unsere Lieblingsspeisen.
6. Die Eltern wählen den Grillteller für zwei Personen.
7. Die Kellnerin bringt ihnen Kaffee.
8. Die Kinder holen sich ein Eis.
9. Der Kellner bringt uns die Rechnung.

Das **Dativ-Objekt** ist meist eine **Personenergänzung.** Diese kann ein **Nomen** sein oder ein **Pronomen** wie: **mir, dir, ihm, ihr, uns, euch, ihnen.**

Das **Akkusativ-Objekt** kann eine **Personen-** oder **Sachergänzung** sein. Diese kann ein **Nomen** sein oder ein **Pronomen** wie: **mich, dich, ihn, uns, euch, sie, es.**

Ü 88

Überprüfe, ob der Merksatz bei den Sätzen aus Ü 87 zutrifft!
Von welchen Wortarten wird hier das Dativ-Objekt gebildet?
Von welchen Wortarten wird hier das Akkusativ-Objekt gebildet?

Dativ-Objekt (O3)
Frage: WEM?
Ersatzwörter: mir, dir
(MIR = drei Buchstaben = 3. Fall)

Akkusativ-Objekt (O4)
Frage: WEN oder WAS?
Ersatzwörter: mich, dich
(MICH = vier Buchstaben = 4. Fall)

Bist du unsicher, ob der 3. oder 4. Fall kommt, dann mache die Probe mit einem Ersatzwort!

Beispiel:
Wir / füttern / **den kleinen Bruder**.
Wir / füttern / **mich** (dich). (**O4**)

Süßigkeiten / schaden / **dem Zahnschmelz**.
Süßigkeiten / schaden /**mir** (dir). (**O3**)

Ü 89

Vervollständige die Sätze mit Dativ-Objekt oder Akkusativ-Objekt!
(Das einzusetzende Nomen in Klammer steht im Nominativ.)
Bei Unsicherheit mache die Probe mit einem Ersatzwort!

1. Der Hoteldirektor begrüßt ____________ .(der Gast)
2. Im Restaurant bestellt sie immer ____________ .(ein Apfelsaft)
3. Das Essen gehört ____________ . (der dicke Mann)
4. Tante Anni hatte ____________ (ihr Freundeskreis) zu dem Fest eingeladen.
5. Wir gratulierten ____________ (der Onkel) sehr herzlich.
6. Ich musste ____________ (ein Gedicht) vortragen.
7. Ohne Fehler konnte ich ____________ (der Vortrag) beenden.
8. Die Gäste verzehren ____________ (der Käse) mit Genuss.
9. Die Geschenke bereiteten ____________ (das Geburtstagskind) Freude.
10. Die Feier gefiel ____________ (der Vater) ganz besonders gut.

Ü 90

Ergänze die fehlenden Buchstaben m oder n!
Gib an, in welchem Fall die Ergänzung jeweils steht! Bei Unsicherheit setze zur Probe ein Ersatzwort ein!

Beispiel:
Der Küchenchef empfiehlt seine**n** Gästen heute eine**n** Schweinsbraten.(**O3/O4**)

1. Dazu serviert er de__ hungrige__ Gast eine__ Salatteller.
2. Eine__ überbackene__ Käseauflauf bietet er alle__ Vegetariern an.
3. Der Küchenjunge wäscht de__ grüne__ Salat und schneidet de__ rote__ Paprika.
4. Das Abwaschen und das Abtrocknen machen keine__ Küchenhelfer Spaß.
5. Die Speisen werden de__ erste__ Koch zu__ Kosten gebracht.
6. Jeder Gast gibt de__ Oberkellner seine__ Wunsch bekannt.
7. Die Kellnerin bringt jede__ Gast eine__ große__ Salatteller.
8. Das Essen schmeckt de__ große__ und kleine__ Gästen.
9. Die Gäste geben de__ nette__ Kellner Trinkgeld.

Auch wenn der Probesatz mit den Ersatzwörtern mir und mich nicht sinnvoll ist, hilft er dir, grammatikalisch den 3. und 4. Fall zu unterscheiden.

Schlusstest

Ü 91

Kennst du das Land, in dem die Häuser mit Palatschinken gedeckt, die Türen und Wände aus Kuchen gemacht und die Gartenzäune aus Würsteln geflochten sind?
Nun, dieses Land heißt Schlaraffenland. Wir werden es nun kurz besuchen, aber (leider) nur zu dem Zweck, um dort einige Satzglieder zu bestimmen.
Bestimme in der folgenden Geschichte all die Satzglieder, die du schon kennst (S, P, O3, O4)! Unterstreiche sie in jeweils einer Farbe!
In der Geschichte findest du unterstrichene Satzglieder. (Diese kennst du vielleicht noch nicht, weil sie hier im Übungsbuch noch nicht erwähnt wurden.) Du brauchst diese nicht bestimmen, sie werden im Lösungsteil jedoch angegeben.

Im Schlaraffenland spenden die Brunnen Soda-Himbeer oder Cola. Auf den Bäumen wachsen knusprige Salzstangerl und Semmeln. Die gebratenen Gänse und Hühner fliegen den Hungrigen direkt in den Mund. Die frisch gebratenen Spanferkel laufen den Leuten entgegen. Auf den Sträuchern sprießen die köstlichsten Mehlspeisen und Süßigkeiten. Die Büsche verneigen sich vor dir. Sie strecken dem Besucher Becher mit Kakao und Kaffee entgegen. Die Kinder fischen Eiskugeln und Eisschlecker aus kleinen Bächen. Wiesenblumen strecken den Kleinen ihre Zuckerlblüten entgegen. Bunte Zuckerstangen, fruchtige Puddings und cremige Torten liegen am Wegesrand. Hungrige Spaziergänger nehmen sie mit.
Du musst diese Köstlichkeiten nicht bezahlen und sie machen nicht dick.
Du fragst, wo das Schlaraffenland liegt? Niemand weiß das.
Das ganze Land soll von einer berghohen Mauer aus Reisbrei umgeben sein.
Wer hineinkommen will, der muss sich durch dieses süße Riesengebirge durchessen.

Das Attribut (Die Beifügung)

Die **Erweiterung** eines Satzgliedes nennt man **Beifügung** (Attribut).
Besteht ein Satzglied aus mehreren Wörtern, ist **ein Wort der Satzgliedkern**.
Attribute können nur gemeinsam mit dem Satzgliedkern verschoben werden.

Artikel sind Begleiter von Nomen und keine Beifügungen.

Beispiel:
Der Koch kostet **die köstliche Suppe**. Wen oder was? Objekt im 4. Fall
Suppe = Satzgliedkern
die = Begleiter
köstliche = Beifügung – Was für eine Suppe?

Die flinke Kellnerin bringt **eine köstliche Suppe**.

Satzgliedkern bei Subjekt = Kellnerin
die = Begleiter
flinke = Beifügung (Was für eine ...?)

Satzgliedkern bei Objekt = Suppe
eine = Begleiter
köstliche = Beifügung (Was für eine ...?)

Wenn Attribute weggelassen werden, muss der Satz grammatikalisch immer noch richtig sein.

Beispiel:
Der Koch kostet die (köstliche) Suppe.
Die (flinke) Kellnerin bringt eine (köstliche) Suppe.
Der Ober trägt ein Tablett (mit vielen Speisen).

Ü 92

Suche jeweils die Beifügungen (Attribute) in den Objekten durch Fragen (Was für ein ...?) und unterstreiche sie!

1. Der Bäcker verkauft mir ein knuspriges Salzstangerl.
2. Er isst meine leckere Pizza auf.
3. Meine Freundin bäckt mir eine riesige Geburtstagstorte.
4. Mein Hund verspeist eine große Knackwurst.
5. Er bekommt einen Geschenkkorb mit Weinflaschen.
6. Ein Kuchen mit Kirschen schmeckt mir besonders gut.
7. Der Ober bringt eine Platte mit Käse.
8. Die Kinder freuen sich auf die köstliche Eistorte.
9. Die Erwachsenen bestellen sich Kaffee mit Schlagobers.
10. Mein Großvater möchte einen kleinen Apfel.

Ü 93

Suche die Attribute im Text durch Fragen und unterstreiche sie!

Gestern versuchte ich mich als tüchtige Köchin. Ich wollte einen köstlichen Marillenkuchen backen und die gesamte Familie überraschen.
Ich entkernte die saftigen Marillen und knetete die leckeren Zutaten zu einem festen Teig. Dann belegte ich den ausgewalkten Teig mit den halbierten Marillen. Ich schob das große Backblech in das heiße Backrohr und wartete geduldig, bis die laute Küchenuhr rasselte.
Neugierig schnitt ich den warmen Kuchen an. Die zähe Kuchenmasse klebte am scharfen Messer. Was hatte ich falsch gemacht?
Beim ersten Bissen wusste ich es. Ich hatte die große Zuckerdose mit der Salzdose verwechselt und steinharten Salzteig hergestellt.
Damit kann ich meiner lieben Familie sicherlich nicht das Leben versüßen.

Die Satzarten

Wir unterscheiden:
Aussagesatz: Peter bringt mir das Glas.
Aufforderungssatz: Bringe mir das Glas!
Fragesatz: Bringst du mir das Glas?

Achte auf die unterschiedlichen Satzzeichen!
Beim Fragesatz kannst du auch ein **Fragewort** (wann, wo, wie, wer, warum ...) verwenden. (Wann bringst du mir endlich das Glas?)

Ü 94

Setze das Satzzeichen und bestimme dadurch die Satzart!

1. Wann bringt er endlich das Essen
2. Er kocht gerne Süßspeisen
3. Warum isst du keinen Käse
4. Darf ich dir noch Wein nachschenken
5. Nimm dir doch noch ein Stück
6. Der Großvater darf keinen Zucker zu sich nehmen
7. Wo findet die Hochzeitstafel statt
8. Gibst du mir auch die Adresse von diesem Restaurant
9. Am Abend isst er nichts mehr
10. Darf ich schon den Nachtisch servieren

Ü 95

Verändere die folgenden Aussagesätze in Fragesätze!
Verwende dazu kein Fragewort. Wie können die Fragen beantwortet werden?

1. Sie überraschte ihre Eltern mit einer Einladung in ein teures Restaurant.

   ____

2. Dort bestellten sie ein fünfgängiges Menü.

   ____

3. Sie mussten sehr lange darauf warten.

   ____

4. Hungrig verließen sie das Lokal.

   ____

5. Zu Hause plünderte Vater den Kühlschrank.

   ____

6. Das war keine gelungene Überraschung.

   ____

Ü 96

Können folgende Fragen mit JA oder NEIN beantwortet werden?

1. Wann schenkte sie dir diese Einladung?
2. Was bestelltest du dir im Restaurant?
3. Wie lange musstest du warten?
4. Warst du mit der Bedienung zufrieden?
5. War das Essen gut?
6. Warst du mit dem Wein zufrieden?
7. Bist du ausreichend satt geworden?
8. War die Rechnung hoch?
9. Wirst du dieses Lokal wieder besuchen?
10. Lädst du mich auch einmal zum Essen ein?

Wir unterscheiden **Entscheidungsfragen** (JA / NEIN) und **Ergänzungsfragen** (ausführliche Antwort).

Die wörtliche Rede

Das von Personen Gesagte und Gedachte kann in einem Text **wörtlich wiedergegebe**n werden. Man nennt diese Stellen **direkte Rede.**
Die direkte oder wörtliche Rede **wird am Beginn und am Ende durch Anführungszeichen** gekennzeichnet.

Wenn der **Begleitsatz** der direkten Rede vorangestellt ist, kündigt er mit einem Doppelpunkt die direkte Rede an.
Die **wörtliche Rede** endet mit einem Satzzeichen (**. ! ?**) und steht unter Anführungszeichen.

Begleitsatz	**direkte Rede**
Martin bittet Kurt:	„Bringst du mir ein Glas?"
Kurt ruft ihm zu:	„Hol dir das Glas doch selber!"
Die Mutter meint:	„Ihr streitet immer."

Der **nachgestellte Begleitsatz** wird durch einen **Beistrich** von der direkten Rede getrennt.
Beim nachgestellten Begleitsatz endet die direkte Rede nie mit Punkt.
Rufzeichen und Fragezeichen sind aber möglich!

direkte Rede	**Begleitsatz**
„Kommst du morgen zu mir?",	frage ich Martin.
„Ja, das ist eine gute Idee!",	ruft er.
„Ich werde um drei Uhr kommen",	sagt Martin.

Der **eingeschobene Begleitsatz** wird durch **Beistriche** oder durch **Beistrich und Punkt** von der wörtlichen Rede getrennt.
Die direkte Rede steht unter Anführungszeichen.

direkte Rede	**Begleitsatz**	**direkte Rede**
„Ich besuche dich morgen",	rufe ich Martin zu,	„um etwa drei Uhr!"
„Ich komme auch mit!",	sagt Kurt.	„Ich bringe etwas zum Knabbern mit."

Ü 97

Setze Anführungszeichen, Punkt und Beistrich an die richtigen Stellen!
Unterstreiche die direkte Rede!

1. Ich möchte dich zu meiner Überraschungsparty einladen sagt Georg zu Markus.
2. Markus freut sich darüber und antwortet Super! Ich komme gerne!
3. Am Samstag um acht Uhr beginnt die Feier! ruft ihm Georg zu Du kannst aber schon früher kommen!
4. Ich komme schon um sieben meint Markus und bringe meine neuen CDs mit.
5. Das ist gut! antwortet Georg Wir könnten dann auch meine Stereoanlage aufbauen.
6. Wer kommt denn noch? fragt Markus.
7. Na, so 20 Leute aus unserer Klasse erzählt Georg und manche nehmen noch jemanden mit.
8. Was sagen denn da deine Eltern dazu? fragt Markus erstaunt.
9. Die wissen noch nichts davon erwidert Georg das ist ja die Überraschung.

Ü 98

Ergänze in der folgenden Geschichte bei den direkten Reden die fehlenden Satzzeichen!
Es handelt sich dabei um eine Erzählung nach Leo Tolstoi.

Die drei Söhne

Drei Frauen wollten Wasser holen vom Brunnen. Nicht weit davon saß ein alter Mann auf einer Bank und hörte zu, wie die Frauen ihre Söhne lobten.
Mein Sohn sagte die erste ist so geschickt, dass er alle in den Schatten stellt!
Mein Sohn sagte die zweite singt so schön wie eine Nachtigall! Es gibt keinen, der eine so schöne Stimme hat wie er.
Und warum lobst du deinen Sohn nicht fragten sie die dritte, als diese schwieg.
Ich habe nichts, wofür ich ihn loben könnte entgegnete sie. Mein Sohn ist ein ganz gewöhnlicher Junge. Er hat nichts Besonderes weder an sich noch in sich.
Die drei Frauen füllten ihre Eimer und gingen heim. Der alte Mann ging langsam hinter ihnen her. Die Eimer waren schwer und die abgearbeiteten Hände sehr schwach. Die Frauen machten eine Ruhepause, denn der Rücken tat ihnen weh.
Da kamen ihnen drei Buben entgegen. Der erste stellte sich auf die Hände und schlug Rad um Rad und die Frauen riefen Welch ein geschickter Junge!
Der zweite sang so herrlich wie eine Nachtigall und die Frauen lauschten aufmerksam. Der dritte Knabe lief zu seiner Mutter, hob die schweren Eimer auf und trug sie heim.
Da fragten die Frauen den Alten Was sagst du zu unseren Söhnen?
Wo sind eure Söhne fragte der alte Mann verwundert. Ich sehe nur einen einzigen Sohn!

Große Schlusstests

Ü 99

Überprüfe dein Wissen über grammatikalische Begriffe!
Gib die lateinische bzw. deutsche Bezeichnung an!

Latein	**Deutsch**
Präteritum	
Verb	
	Zukunft
	Eigenschaftswort
	Vorwort
Genitiv	
Nomen	
	besitzanzeigendes Fürwort
Akkusativ	
	Ergänzung
Präsens	
Nominativ	
	3. Fall
Personalpronomen	
	Vorvergangenheit
	Beifügung

Ü 100

Überprüfe dein Wissen in der Wortlehre!
Bestimme für folgende Verben Person, Zahl und Zeit!

sie sind gelaufen – 3. Pers., Pl., Perfekt	er legte auf
du wirst graben	ihr nehmt teil
sie hatte genommen	sie hungerten
wir haben gehofft	ich bin gelegen
er saß	es wird gefressen
sie hat gewonnen	ihr habt gestohlen
wir tanzen	du bist gekommen
sie passen auf	ich war gegangen

Ü 101

Überprüfe dein Wissen in der Satzlehre! Bestimme bei folgenden Sätzen die Satzglieder! Trenne die Satzglieder zuerst durch Längsstriche voneinander und benenne sie dann!

(S) (P) (O4)
Die Kinder I suchen I die versteckten Ostergeschenke.

1. Dem glücklichen Gewinner gehört ein tolles Auto.
2. Mein Vater hat ihr die gute Nachricht erzählt.
3. Die Gärtnerin stellte einen schönen Geburtstagsstrauß zusammen.
4. Ein neues Handy schenkt mir mein Bruder zu meinem Geburtstag.
5. Ich lade alle meine Freunde ein.
6. Die Mutter schneidet den Geburtstagskuchen an.
7. Einen neuen Tennisschläger schenkt mir mein Bruder.
8. Anna wird ihrem Vater das Handy borgen.
9. Dem Baby gibt die Mutter die Flasche.
10. Tante Anna hat ihr einen riesigen Blumenstrauß überreicht.
11. Ich habe meine neue Füllfeder verloren.

Ü 102

In der folgenden Geschichte „Die ganz kleine Schraube“ nach Rudyard Kipling sollst du die Verben rot, die Personal- und Possessivpronomen blau und die Adjektive grün unterstreichen.

In einem riesigen Schiff sitzt eine winzige Schraube mit vielen anderen ebenso kleinen Schrauben und hält zwei große Stahlplatten zusammen. Diese kleine Schraube fängt während der Fahrt durch den Ozean plötzlich an, es sich bequem zu machen und locker zu werden und droht nun herauszufallen. Da sagen die nächsten Schrauben zu ihr: „Wenn du herausfällst, dann gehen wir auch.“ Und die langen Nägel unten am Schiffskörper protestieren: „Uns wird es auch zu eng, wir lockern uns auch ein wenig.“ Als die großen Eisenträger das hören, schlagen sie heftigen Alarm: „Um Gottes willen, haltet diese Platten zusammen, denn wenn ihr geht, dann ist es um uns geschehen!“
Blitzschnell verbreitet sich das Gerücht vom gefährlichen Vorhaben der kleinen Schraube durch den riesigen Körper des großen Schiffes. Es ächzt und bebt in allen Fugen. Da beschließen sämtliche Rippen und Platten und Schrauben und auch die kleinsten Nägel, eine wichtige Botschaft an die kleine Schraube zu senden: Sie möge doch bleiben, denn sonst wird das riesige Schiff auseinanderbrechen und niemand wird den Hafen erreichen. Das schmeichelt dem Stolz der winzig kleinen Schraube, dass sie so eine wichtige Bedeutung für das riesige Schiff hat. Daraufhin erklärt sie ihren Freunden, dass sie weiter an ihrem gewohnten Platz bleiben werde.

Ü 103

Eine Übung für Profis!
Bestimme die folgenden Sätze grammatikalisch!
Trenne zuerst die Satzglieder voneinander ab und erfrage sie dann!

Es gab in einem riesigen Schiff eine ganz kleine Schraube.

Sie verband zwei große Stahlplatten. Die Schraube lockerte sich.

Das Schiff ächzte und bebte in allen Fugen.

Die Teile sandten der kleinen Schraube eine gemeinsame Botschaft.

Keiner erreicht die Heimat. Das schmeichelte dem Stolz der kleinen Schraube.

Ü 104

Eine Übung für ganz Topfite!
Hier ist die Fabel „Die Krähe und der Wasserkrug" nacherzählt.
Sie zeigt uns: Wer sich nicht entmutigen lässt und den Verstand gebraucht, erreicht sein Ziel.
Bestimme die Satzglieder, die du schon gelernt hast!
Unterstreiche zuerst die Satzglieder, indem du nach ihnen fragst, und benenne sie anschließend! (Satzglieder, von denen du erst in der 2. Klasse lernen wirst, sind angegeben!

Wann? Zeitangabe | Wo? Ortsangabe
Im Sommer | flog | eine durstige Krähe | über das Land.

Wann? Zeitangabe
Am Abend | entdeckte | die erschöpfte Krähe | einen Krug mit Wasser.

Wohin? Ortsangabe
Sie | flatterte hin | . Sie | steckte | ihren langen Schnabel | in den Krug.

P | Verneinung
Der Wasserkrug | war halb voll | . Sie | erreichte | das Wasser | nicht.

Wogegen? Vorwortergänzung | Verneinung
Sie | schlug | gegen den schweren Tonkrug. Er | fiel | nicht | um | .

Wo? Ortsangabe
Der niedergeschlagene Vogel | blieb | neben dem Krug | sitzen | . Er | dachte nach | .

Die Krähe | sah | einen Steinhaufen | . Sie | pickte | die Kieselsteine | auf | .

Wohin? Ortsangabe
Der kluge Vogel | warf | sie | in den Krug | hinein | .

Das Wasser | erreichte | den Krugrand | .

Die einfallsreiche Krähe | stillte | ihren Durst | .

(gelesen in: Käthe Recheis, Fabeln, Wien 2003. Gekürzte Wiedergabe)

Ü 105 **Suche aus der Fabel von Ü 104 alle Adjektive und alle als Adjektiv verwendeten Wörter heraus und gib an, in welcher Form sie stehen!**

Adjektiv oder als Adjektiv verwendet	Form	Adjektiv oder als Adjektiv verwendet	Form

Ü 106 **Versuche von den folgenden beiden Sätzen die Wortart der einzelnen Wörter zu bestimmen!**

Satz (= einzelne Wörter)	Welche Wortart?
Mein	Possessivpronomen (besitzanzeigendes Fürwort)
Großvater	Nomen (Namenwort)
schenkte	
mir	
zum	
Geburtstag	
ein	
tolles	
Fahrrad.	

Satz (= einzelne Wörter)	Welche Wortart?
Er	
hatte	
seinem	
besten	
Freund	
das	
neue	
Skateboard	
geborgt.	

Ü 107 **Bestimme die Satzglieder der Sätze aus Ü 106!**

(S)			(Zeitangabe)	
Mein Großvater	schenkte	mir	zum Geburtstag	ein tolles Fahrrad.

Er hatte seinem besten Freund das neue Skateboard geborgt.

Überprüfe selbst, ob du zum Aufsteigen bereit bist!

Ü 108

Wie gut kennst du dich in der Wort- und Satzlehre aus?
Kreuze an, ob die Sätze richtig oder falsch sind! Stelle die falschen Sätze richtig!
Kleine Hilfe: Zehn Sätze sind falsch!

	richtig	falsch
1. Die Wörter **hast, bist, wirst** sind Hilfsverben.		
2. Nach dem **Dativ** fragst du mit **WEN**?		
3. Das **Partizip** nennt man auch **Mittelwort**.		
4. **Attribute** sind **Ergänzungen**.		
5. Nach dem **Nominativ** fragst du mit **WELCHE**?		
6. **Der, die, das** sind Artikel.		
7. Die Wörter **auf, in, um** sind **Präpositionen**.		
8. **Perfekt, Plusquamperfekt** und **Futur** sind mehrteilige Zeitformen.		
9. Zum **Infinitiv** kann man auch **Nennform** sagen.		
10. Es gibt **stark** und **schwach** gebeugte **Verben**.		
11. Nach dem **Akkusativ** fragst du mit **WER** oder **WAS**?		
12. Das **Adjektiv** nennt man auch **Zeitwort**.		
13. Der **Superlativ** ist die **2. Steigerungsstufe**.		
14. **Er, sie, wir, ich** sind **persönliche Fürwörter**.		
15. **Ein** ist ein **bestimmter Artikel**.		
16. Das **Subjekt** steht immer im **1. Fall**.		
17. Im **Aussagesatz** steht das **Prädikat** an 2. Satzgliedstelle.		
18. **Präsens** und **Präteritum** sind **einteilige Zeitformen**.		
19. Zur Probe kannst du für **„das“** die Ersatzwörter **„dieses“** oder **„welches“** nehmen.		
20. Das **Verb** nennt man auch **Eigenschaftswort**.		
21. Das **Possessivpronomen** nennt man auch **persönliches Fürwort**.		
22. **Mein, dein, unser** sind **unbestimmte Artikel**.		
23. Mit einem **Pronomen** kannst du ein **Nomen** ersetzen.		
24. Eine **Präposition** ist ein **Vorwort**.		
25. Je nach **Person** ändert sich die **Personalform des Verbs**.		

Richtigstellung der Sätze: (Wenn du alle 10 Fehler gefunden hast, bist du wahrlich ein Profi!)

Ü 109

Überprüfe dein Wissen auf dem Gebiet der Wort- und Satzlehre!

1. In welcher **Zeitform** steht folgender Satz?
   Ich bin gestern in der Früh angekommen.

2. Steht dieser Satz im **Präsens**?
   Der Bauer erntet im Herbst die letzten Äpfel.

3. Unterstreiche das **Attribut**!
   Das Schönste daran ist die kunstvolle Stickerei.

4. Unterstreiche das **Prädikat**!
   Er schenkte sich nochmals ein.

5. Unterstreiche die **Objekte** und bestimme den Fall, in dem sie stehen!
   Ich übergebe dem Tormann den Fußball.

6. In welcher **Zeitform** steht folgender Satz?
   Sie ritt auf ihrem Pferd davon.

7. Unterstreiche die **Adjektive**!
   Die vielen Freunde gratulierten dem alten Freund zum morgigen Geburtstag.

8. Unterstreiche die **stark gebeugten Verben**!
   gehen, laufen, wandern, tanzen, hüpfen, klettern, springen

9. Unterstreiche die **Artikel**!
   Wir begrüßen den neuen Nachbarn mit einem Blumenstrauß.

10. Unterstreiche das **Subjekt**!
    Meine Freundin und ich gehen jede Woche Tennis spielen.

11. In welcher **Zeitform** wird **Erzähltes mündlich** wiedergegeben?

12. In welcher **Zeitform schreibst** du eine **Nacherzählung**?

Großer Schlusstest zur Wortlehre

Ü 110 **Eine von den drei angeführten Antworten ist richtig! Du sollst herausfinden, welche das ist! Die richtige Antwort ist nicht immer leicht zu finden. Du hast auch keinen Joker, aber du kannst in den vorhergehenden Kapiteln nachschauen! Unterstreiche die richtige Lösung!**

1.	Welches Wort ist ein **Verb**?		
	ANGLER	ANGELN	AN
2.	Welches Wort gehört zu den **Nomen**?		
	VERMISSEN	MISST	MIST
3.	Welches Wort ist ein **Pronomen**?		
	MEINST	MEINER	MUSST
4.	Welches Verb steht im **Präsens**?		
	ging	führst	vermisste
5.	Welches ist ein **Hilfsverb**?		
	brauchen	ist	bleibst
6.	Mit welchem Hilfsverb bildest du die **Zukunft**?		
	haben	sein	werden
7.	Welche **mehrteilige Zeitform** wird mit „haben" gebildet?		
	Präsens	Perfekt	Futur
8.	Welches Wort ist ein **Artikel**?		
	dass	das	seines
9.	Finde das **Possessivpronomen**!		
	dich	ich	dein
10.	Finde das **Partizip der Vergangenheit**!		
	aufstehen	stand	aufgestanden
11.	Welches Wort ist ein **Adjektiv**?		
	schnell	sein	ein
12.	Suche das **Partizip der Gegenwart**!		
	austrinken	Trink!	schlafend
13.	Unterstreiche den **Infinitiv**!		
	ausgelassen	duftend	loslassen
14.	Welches Verb steht im **Präteritum**?		
	las	lasse	läufst
15.	Finde das **Mittelwort der Gegenwart**!		
	gestanden	verstehen	bestehend
16.	Finde die Zeitform des **Perfekts**!		
	ist gelaufen	war	hatte gesehen
17.	Wie bildest du das **Plusquamperfekt**?		
	haben / sind + Partizip 2	werden + Infinitiv	hatten / waren + Partizip 2
18.	Finde den **Komparativ** von „viel"!		
	vielmehr	mehr	vieler
19.	Finde die Zeitform des **Futurs**!		
	ist gegangen	bin gesessen	wird kochen
20.	Welches Wort ist ein **Vorwort**?		
	sollen	auf	das

Großer Schlusstest zur Satzlehre

Ü 111 **Eine von den drei angeführten Antworten ist richtig! Du sollst herausfinden, welche das ist! Die richtige Antwort ist nicht immer leicht zu finden. Du hast auch keinen Joker, aber du kannst in den vorhergehenden Kapiteln nachschauen! Unterstreiche die richtige Lösung!**

1. Wie fragst du nach dem **Dativ**?
   wer? | welche? | wem?
2. Das **Prädikat** steht im Aussagesatz an
   1. Stelle | 2. Stelle | letzter Stelle
3. Nach dem **Subjekt** fragst du mit
   wessen? | wen? | wer oder was?
4. Nach einem **Fragesatz** steht ein
   Punkt | Rufzeichen | Fragezeichen
5. Das **Subjekt** steht immer im
   Nominativ | Akkusativ | Dativ
6. Nach dem **Akkusativ** fragst du mit
   wessen? | wer? | wen oder was?
7. **Satzglieder** kannst du erkennen, indem du die .... machst.
   Wortprobe | Satzprobe | Verschiebeprobe
8. Die **direkte Rede** steht zwischen
   Beistrichen | Punkten | Anführungszeichen
9. Nach dem **Imperativ** steht ein
   Strichpunkt | Punkt | Rufzeichen
10. Ein **Attribut** ist eine
    Ergänzung | Beifügung | Satzaussage
11. Ersatzwort für ein **Dativobjekt** ist
    MIR | MEINE | DIES
12. Ersatzwort für ein **Akkusativobjekt** ist
    DIESES | MIR | MICH
13. Nach dem **Prädikat** fragst du mit
    wie? | wer? | was wird ausgesagt?
14. Das **Subjekt** steht im Satz immer an
    1. Stelle | 2. Stelle | verschiedenen Stellen

Wichtige Begriffe aus der Grammatik

Adjektiv	Eigenschaftswort	• als Beifügung zu einem Nomen: die **schnelle** Gazelle • als Teil des Prädikats (beim Verb „sein"): Die Gazelle ist **schnell.**
	Grund-, Mittel-, Meiststufe (Positiv, Komparativ, Superlativ)	Steigerungsformen schnell – schneller – am schnellsten
Artikel	Begleiter	beim Nomen bestimmt: **der, die, das** unbestimmt: **ein, eine**
Attribut	Beifügung	die **schnelle** Gazelle – **Was für eine?**
Befehlsform	Imperativ	
Beifügung	Attribut	
Beugung	Konjugation des Verbs	
Deklination	Fallveränderung von Nomen, Adjektiv, Artikel, Pronomen in den 4 Fällen	1. Fall: Nominativ – Wer oder was? 2. Fall: Genitiv – Wessen? 3. Fall: Dativ – Wem? 4. Fall: Akkusativ – Wen oder was?
Direkte Rede	Wörtlich wiedergegebene Rede (Zitat)	Er sagte: **„Ich gehe fort."** **„Wohin gehst du?",** fragte sie.
Eigenschaftswort	Adjektiv	
Ergänzung	Objekt	
Fallveränderung	Deklination des Nomens	
Futur	Zukunft	Personalform von werden + Infinitiv sie **wird kommen**
Fürwort	Pronomen	
Gegenwart	Präsens	
Hilfsverben	Hilfszeitwörter helfen, die Zeiten zu bilden	**haben – sein – werden** er **hat** gegessen, sie **sind** gekommen
Imperativ	Befehlsform	Komm! Komme! – Kommt! Kommet!
Indirekte Rede	Nicht wörtlich wiedergegebene Rede	Er sagte, **dass er fortgehe.** Sie fragte, **wohin er denn gehe.**
Infinitiv	Nennform unbestimmte Form des Verbs	**essen, kommen, gehen** …
Komparativ	Mehrstufe des Adjektivs	besser, schneller, mehr …

Konjugation	Beugung des Verbs	ich ess**e**, du is**st**, er/sie/es iss**t**, wir ess**en**, ihr ess**t**, sie ess**en**
Mittelwort	Partizip	
Mitvergangenheit	Präteritum	
Namenwort	Nomen	
Nennform	Infinitiv	
Nomen	Namenwort, Hauptwort 4 Fälle (Deklination) Geschlecht (Artikel)	= Lebewesen, Dinge, Gedachtes der Tiger, die Angst, das Kraut männlich, weiblich, sächlich
Objekt	Ergänzung ist ein Satzglied, besteht aus einem oder mehreren Wörtern und steht in einem bestimmten Fall	vom Prädikat abhängig **im Dativ:** Er gibt **ihm** die Tasche. **Wem?** **im Akkusativ:** Er gibt ihm **die Tasche**. **Wen oder was?**
1. + 2. Partizip	Mittelwort unveränderbare Verbform	Mittelwort der Gegenwart: komm**end** (**1.**) Mittelwort der Vergangenheit: **ge**komm**en** (**2.**)
Perfekt	Vergangenheit	Personalform von haben / sein + 2. Partizip sie **haben ge**trunk**en**, er **ist ge**komm**en**
Person	drei Personen	ich / du / er – sie – es (Singular) wir / ihr / sie (Plural)
Plural	Mehrzahl	(der Mann) – **die Männer** (ich komme) – **wir kommen**
Plusquamperfekt	Vorvergangenheit	Personalform von hatten / waren + 2. Partizip sie **hatten ge**trunken, er **war ge**kommen
Positiv	Grundstufe des Adjektivs	gut, schnell, viel ...
Prädikat	Satzaussage: Satzglied, vom Verb gebildet; an 2. Satzgliedstelle, Verschiebeprobe	**einteilig**: er **kommt** **mehrteilig**: er **kommt an**, er **ist angekommen**
Präposition	Vorwort: steht vor einem Nomen / Pronomen, verlangt einen bestimmten Fall	Er läuft **nach** Hause. Sie steht **vor** dir. Der Tisch steht **neben** dem Ofen.
Präsens	Gegenwart / Jetztzeit	ich **komme**, du **trinkst**, er **geht** ...

Präteritum	Mitvergangenheit / Erzählzeit	ich **kam**, du **trankst**, er **ging** ...
Pronomen **Possessivpronomen** **Personalpronomen**	Fürwort Begleiter des Nomens Stellvertreter des Nomens	 **mein** Hund, **sein** Heft Der Hund gehört **mir**. **Ich** habe einen Hund. Das Heft gehört **ihm**. **Er** hat ...
Satzaussage	Prädikat	
Satzgegenstand	Subjekt	
Satzglied	besteht aus einem oder mehreren Wörtern; Verschiebeprobe	Hans / **isst** / in der Pause / einen Apfel. In der Pause / **isst** / Hans / einen Apfel. Einen Apfel / **isst** / Hans / in der Pause.
Singular	Einzahl	**der Mann**, **ich** komme
Subjekt	Satzgegenstand: Satzglied im 1. Fall	**Er** isst einen Apfel. **Wer oder was?** **Der Hund** läuft nach Hause.
Superlativ	Meiststufe des Adjektivs	(am) besten, (am) schnellsten ...
Verb	Zeitwort: bildet Prädikat im Satz	schwach: turnen – turn**te** – **ge**turn**t** stark: ess**en** – **aß** – **ge**gess**en**
Vergangenheit	Perfekt	
Verschiebeprobe	Methode zum Finden / Bestimmen von Satzgliedern	
Vorvergangenheit	Plusquamperfekt	
Vorwort	Präposition	
Zukunft	Futur	

Stichwortverzeichnis

Tiger dich rein mit dem Lerntiger!

Margit Pieler, Günter Schicho
Aufsteigen in Deutsch, Rechtschreiben 1
(Mit Lösungsheft)
ISBN 978-3-7074-0753-2

Schulbuchnummer: 120559

In diesem Band werden die wichtigsten Rechtschreibregeln leicht verständlich erklärt und mit abwechslungsreichen Übungen trainiert.
Themen sind: Großschreibung, Doppelmitlaute, s-Schreibung, das und dass, Dehnung (Doppelvokale und h), f und v, Abteilen und Satzzeichen.
Nach jedem Kapitel gibt es einen großen Schlusstest, der bestätigt und zeigt, was schon „sitzt".

Margit Pieler, Günter Schicho
Aufsteigen in Deutsch, Texte verfassen 1
(Mit Lösungsheft)
ISBN 978-3-7074-1069-3

Schulbuchnummer: 145381

Was man sich überlegen muss, bevor man mit dem Schreiben beginnt, wie man Einleitung, Hauptteil und Schluss gestaltet, wie man den Text ausschmückt und überarbeitet. Dazu zahlreiche Mustertexte, durch die erklärt wird, wie das Schreiben richtig geht, und viele Übungen, die das Kind beim Schreiben trainieren und selbstsicher machen.
Mit allen Textarten, die für die 1. Klasse im Lehrplan vorgeschrieben sind.

Nähere Informationen und Bestellung unter (01) 494 96 99-412

www.ggverlag.at

Tiger dich rein mit dem Lerntiger!

Günther Wagner
Aufsteigen in Mathematik 1
(Mit Lösungsheft)
ISBN 978-3-7074-0765-5

Schulbuchnummer: 120562

Aufsteigen in Mathematik bietet zu jedem Lerngebiet der 1. Klasse HS/AHS einen kurzen, aber leicht verständlichen Erklärungsteil; mehrere Musterbeispiele, die klar und deutlich zeigen, wie die Aufgabe gelöst und gerechnet werden soll; einfache Merksätze; zahlreiche Übungen in unterschiedlichen Schwierigkeitsgraden.

So fällt es leicht, den Lernstoff zu verstehen, zu festigen und die Note zu verbessern.

Günther Wagner
Aufsteigen Mathematik Schularbeiten 1
(Mit Lösungsheft)
ISBN 978-3-7074-1109-6

Schulbuchnummer: 150734

hilft Schülerinnen und Schülern, sich speziell auf Schularbeiten vorzubereiten.
Für jede der 4 Schularbeiten im Schuljahr gibt es 7 Probeschularbeiten mit je 4 Beispielen.
Bei jedem Beispiel wird angeführt, zu welchem Stoffgebiet es gehört. Das heißt, wenn der vorzubereitende Schularbeitsstoff bekanntgegeben wird, kann man ganz gezielt die entsprechenden Probeschularbeiten und Beispiele auswählen. Im Lösungsteil ist der genaue Rechengang Schritt für Schritt vorgerechnet.

Nähere Informationen und Bestellung unter (01) 494 96 99-412

www.ggverlag.at